U0540855

DIE RETTUNG DER ARBEIT
EIN POLITISCHER AUFRUF

拯救劳动
AI时代的呐喊

[德]丽萨·赫尔佐克 著
寇瑛 译

上海社会科学院出版社

目　录

第一章　劳动的未来：乌托邦还是反乌托邦？/ 1
一、劳动的终结？拯救劳动！/ 5
二、拯救劳动，从何入手？/ 15
三、技术决定论，还是政治设计？/ 18
四、过去的神话 / 23

**第二章　劳动分工的社会特征：孤胆英雄
　　　　还是共同创造？/ 31**
一、创造性天才的神话 / 36
二、分工的劳动，共同的成就 / 47
三、误区1：劳动的经济观念 / 54
四、误区2：仅作为自我实现的劳动 / 56
五、共同的劳动 / 61
六、数字化劳动分工的问题与潜力 / 63
七、劳动分工的困境以及为什么吹哨人是我们
　　时代的英雄 / 74

**第三章　非自然力所为，政治使命使然：为什么
　　　　我们必须构建数字化的劳动世界？/ 79**
　一、乐观主义者、悲观主义者和现实主义者 / 85
　二、市场的设计与政治的作用 / 90
　三、按"等级制度"塑造劳动世界 / 105

**第四章　风险、责任与担保：劳动世界中的
　　　　公平 / 115**
　一、推卸责任 / 122
　二、有限责任的隐患 / 134
　三、死抓小人物，放任大人物 / 143
　四、数字世界的社会网络 / 152

**第五章　数字化劳动世界中的参与：等级制度
　　　　还是民主？/ 165**
　一、等级制度的缺点 / 171
　二、新的通信技术，新的决策形式 / 182
　三、为了劳动世界中的民主 / 188

**第六章　经济人还是社会人？社会人的数字化
　　　　劳动 / 207**
　一、劳动、团结、民主平等 / 213
　二、我们想如何劳动？我们要怎样生活？/ 220

参考文献 / 226

致谢 / 256

第一章

劳动的未来：
乌托邦还是反乌托邦?

当算法（Algorithmen）到来时，谁将成为赢家，谁又是输家？

一些人会拥有更多的空闲时间，因为算法可以为他们拟定最佳的食谱，通过电冰箱自动完成食品的订购并用无人机派送，另一些失业者，由于微薄的基本收入又不得不依赖公益餐桌上的捐赠食物而生存；一些人靠软件专利挣大笔的钱，并让大批机器人为自己工作，另一些人则不得不随时待命，一旦手机应用程序（App）发出工作指令，就必须快速做出响应；一些人可以根据自身的喜好自主决定是否需要劳动以及选择何种工作，另一些人则完全被某个 App 或干脆被某个植入芯片所操控，具体到他们的每个动作和每次如厕的间歇。

劳动世界的未来看起来就是这样的吗？当你具备了教育、培训和获得"人力资本"等高主动性和高投入性的所有条件时，却发现自己仍无法获得一份安排妥帖的职业生涯，没有足够的收入来实现美好的生活愿景。人们目前还不清楚机器人、算法和人工智能将给人类带来怎样的动荡。

一方面,不断提高的物质生活水平似乎在向人们昭示着这样一个金色愿景,即人们可以把一切烦琐的日常劳动都交由机器人代劳;另一方面,也有预测称,目前四成以上的职业将会消失,而且绝不仅限于"低技能"领域。[1]具体哪些岗位会中招,目前仍无法准确预测。

人们对劳动世界的未来感到恐惧,如担心成为电脑的附庸或 App 的奴隶,或者干脆被彻底淘汰等。这些都是目前困扰许多人的魔咒。机器人、自动化和大数据在社会中所扮演的角色问题正在成为大众媒体追逐的焦点。然而,有关这些问题的讨论却往往陷入困境,不是拘泥于具体数据,就是喋喋不休地重复着同样的分歧和辩论。讨论的中心议题应该是,如何在基本价值观上达成共识并形成一种发展理念,即在大众利益的基础上逐步实现劳动世界的数字化转型。现在正是我们切入这个中心议题并启动相应制度改革的时候,因为劳动世界中的改变不仅关系到社会生活的基本机制,也关系到收入、社会地位和权力的分

---

[1] 有关此议题参见 Frey & Osborne, *The Future of Employment*, 2013。进一步的研究报告详见例如 Campolo, Sanfilippo et al., *AI Now 2017 Report*, 2017。

配问题。

未来我们真的愿意接受"随叫随到"的工作吗?就像已遍布英国的**"零时合约"**(zero-hour contracts)那样,雇员根本不知道会被派发多少工作,当然也不知道会因此而赚到多少钱。在国家提供的福利项目中,如果依据计算机程序来进行需求分析,那么谁具有最终的决定权?难道我们就这样任由数字化社会模型加剧社会的不平等吗?谁拥有哪些参与到数字化劳动世界中的机会?在一个由数字化过程塑造的社会中,如何保持社会原本一直靠劳动世界高度整合而维持的凝聚力?

我们必须对这些最根本的问题做出回答,而且就在当下,这一系列变化正在发生。归根结底,这些劳动世界的改变向我们提出了以下几个政治哲学的基本问题:我们将如何组织人类共存?创建一个良好和公正社会的要素是什么?如何在实践中推进对现有制度和社会生态的改造?

一、劳动的终结?拯救劳动!

本书的观点是,劳动世界对我们这个社会而言具有非同寻常的意义,绝不能放任其在数字化浪潮中随波逐流,任由自由市场不可控力的摆布。从表面上看,劳动不过是一些费力的琐事,一种赚钱的手段罢了。实际上,劳动是一种深层次的人类活动:它与我们的本性息息相关。即使社会关系发生根本性的改变,机器人从我们手里夺走更多的工作任务,劳动仍然存在。人类想要创造,想要塑造属于自己的世界,而劳动正是实现这种追求的核心方式。

然而,人类劳动首先是一种社会活动:因为人是社会的人,通常与其他人一起工作。劳动使我们与物质世界产生连接,但它首先使我们**与他人产生关联**。劳动置我们于一定的社会空间,没有它,我们的生活会失去很多色彩。当然,这个世界也会有你厌恶的同事,即使你余生不再见他们,也不会感到悲伤。但这是我们为一些非常有价值的东西所付出的代价:因为工作,我们与一些否则永远不会相遇的人走到一起(这也适用于许多非获取薪酬的"工作"形式,如在私人环境中共同照顾孩子)。重新审视劳动的这一社会属性,探讨我们所面临的挑战以及构建和谐劳动世界的可能性,并最终提出可行性的建议。这就是本书的初衷。

第一章 劳动的未来：乌托邦还是反乌托邦？

劳动是人的本性，这一思想贯穿人类政治思想史的始终。它最早可以追溯到亚里士多德，并被诸如黑格尔和马克思等近代思想家所发展。人之所以成为人，意味着他在改造物质世界的同时改造着自己，[1] 也意味着在别人工作的基础上用自己的劳动延续这项工作。劳动问题在女权主义政治思想中也起着核心作用，因为性别不平等问题在这一领域表现得特别突出。女性为了能够参与除了家庭以外的劳动世界进行了几个世纪的抗争。不仅如此，她们还致力于将这一劳动世界进行调整，以便更有利于结合家庭生活和养育工作。

人们往往通过劳动，尤其是自19世纪以来各种工人协会和工会等集体组织进行的政治斗争，为技术进步做出了决定性的贡献。如果没有这些斗争，所有在劳动时间规制、劳动保护条例、政府福利机构和员工参与制度等方面的创新，想要取得如今的成就是不可想象的。

然而，在最近几十年中，劳动通常被看成是极

---

1 有关此哲学史议题参见 G. W. F. Hegels, berühmter Herrschafts-Knechtschafts-Dialektik in der *Phänomenologie des Geistes* von 1807, Kap.IV. A., 1980。

端个体化的。尤其在经济领域,许多主流劳动图景和模式都或明或暗地以极端个人主义为前提。就好像我们都是孤岛上的鲁滨逊,只需偶尔划船到邻近的岛屿,用自己的香蕉去换取椰子,而我们仅有少数人能在鲁滨逊的孤岛上存活几天。作为劳动着的个体,我们只是一个错综复杂的整体系统中的一部分,与其他政治、文化和科学等社会系统紧密地交织在一起。这或许有点儿像我们小时候从少儿连环画中所看到的那样,也许更像16世纪荷兰画作所描绘的人类劳动那样:整幅画面中有无数相互交织的活动,每个人都能够专注于某些活动的原因在于,其他人去干别的事了。

劳动世界的社会体系是怎样的?这在很大程度上取决于我们如何构建,首要的是民主政治制度的基本框架,但也离不开共同的文化价值观和传统。

人类劳动的社会性是其最大的优势之一。投身于这种互动的社会分工体系中,可以令人愉快并有所获益。但其前提条件是,我们必须把这个系统构建好,使劳动者不会感到被强迫、被刁难或被剥削。可在现实中,无论是过去还是现在,都经常出现不良现象。劳动世界的社会结构正在因数字技术而发生改变,这会对人们的劳动体验产生巨大影响。但这并不意味着,变化就一定朝更糟糕的方向发展。关键在于,我们是否愿意主动迎接具有挑战性的构建任务,使其不仅能保证劳动者的利益,还能确保未来的公正、共同利益和社会凝聚力等。[1]

经济模型的假定是,劳动首先是一种赚钱的手段;充其量只能说,能够最好地发挥个人才能的"高级"职业是个例外。但这是一种偏见。在一项富有洞察力的调查项目中,社会学家伊莎贝尔·费雷拉斯(Isabelle Ferreras)研究了超市女收银员的日常工作和态度。她们的工作并不能给其带来很高的自我实现感或社会声望。[2]但结论显示,恰

---

[1] 当然,劳动的未来并非我们这个社会亟待解决的唯一问题。人类目前面临的严重问题是人为造成的气候变化和经济不平衡问题。正是这种国家内部以及世界范围内的不均衡加剧了全球的移民潮;此外,关于确保世界大国之间的和平也存在诸多问题。长期以来人们一直认为这些问题已基本解决,但它们正在卷土重来。即便笔者在本书主要探讨的是劳动世界的问题,但也不想否认上述问题的重要性。然而,归根结底,这些问题中有许多是紧密交织在一起的。在笔者看来,一个更公平和更人道的劳动世界至少有可能是更加平等和气候友好的。但是,出于篇幅的原因,笔者不能详细讨论这些问题。

[2] 参见 Ferreras 2007。

恰对她们来说，工作也不仅仅是赚钱的工具，[1]工作还为她们提供了一个融入社会、使自己变得有用并获得一定自主性的机会。费雷拉斯采访的收银员纷纷表示，即使有其他较高收入的选择，她们也不愿放弃眼下的工作。她们还会考虑具体的工作条款和是否具有发言权等因素。该研究得出的结论是，不能把劳动世界理解为一个所有参与者都被工具化的系统。[2]它是我们共同的公共世界的一部分，我们也必须这样理解它。

"拯救劳动"意味着，人们应该塑造这样一个公共的劳动世界，辅之以行之有效的法律和福利规则，使其符合我们的价值判断，既能维护个体的尊严和权利，也能保证社会的整体福祉。与此同时，我们要防范当前数字化进程中的各种外力对这个劳动系统造成的扭曲。因为这与我们公正、自由和民主的理念背道而驰。陀思妥耶夫斯基（Fyodor Dostoevsky）曾写道，人们可以根据一个

---

1 参见 Stud Terkel：»Man searches for daily meaning as much as for daily bread«（人类像寻找日常的面包一样寻找日常的意义），Terkel 1972。
2 例如，"系统"一词见于尤尔根·哈贝马斯（Jürgen Habermas），其背后是更广泛的"系统理论"传统，尤其参见 Habermas, *Theorie des kommunikativen Handelns*, 1981。

社会的监狱状况来判断其文明程度。观察一个社会是否公正的最好方法或许是观察它的劳动世界,以及它如何对待那些看似不再有用的人。本书的一个观点是,对民主原则的承诺不应止步于工作岗位的门槛;笔者强烈主张,广泛利用当前数字时代的信息和通信工具,将共同参与和民主的治理形式更深入地引入经济生活。在这个问题上,人们目前做得还相当不足。

人们总是在公共的劳动世界之外辛勤耕耘:这不仅包括家务劳动、养育子女和护理老人这些在家庭中进行并且男女之间的分配往往很不平等的工作,而且包括多种义务工作形式,参与这些工作的人最多只获得象征性的津贴。有关这些工作形式的公正设计存在许多可探讨之处,但都不是本书关注的重点,尽管它们与公共的劳动世界及其问题紧密地交织在一起。这是一个优先级的取舍,而非对其相对意义的判断问题。鉴于因数字转型而即将发生变革的情况,笔者在本书中首先按照公共的劳动世界设计提出问题。

然而,笔者写此书是为了反对谁?谁又会反对拯救劳动?有两种反对立场,理论层面的和实践层面的。在理论层面上,拯救劳动的替代策略是,认为劳动会**终结**;在实践层面上,反对立场是干脆什么也不做,这通常出于被误解的宿命论。

理论层面的反对立场与如下观点紧密相关,即当人们首先视劳动或工作为不得已而为之的、令人厌烦的事情时,毕竟我们从星期日晚上就开始没有好心情,因为星期一早上又要开始工作了。那么,是不是工作越少,这个世界就会越好呢?数字化和"工业 4.0"的伟大希望之一不在于工作,而在于工作之外?正如我们所知,工作被取代并且我们能够实现全新的社会生活方式。

在关于"应该改善还是废除劳动"的问题上,早在 19 世纪人们就已经有过争论[1]并且出现了不同的进步思想。一方面,人们希望废除或者至少最大限度地减少各种劳动。只有这样,才有可能真正地发展人类的天性,自由生活。另一方面,人们又不希望从劳动中解放出来,而是希望**摆脱如下的劳动**,即从所有的约束、所有的不公正、所有单方面的权力(权利)关系中摆脱出来。目标是更

---

1 参见 John B. Fosters: »The Meaning of Work in a Sustainable Society«(可持续发展社会中工作的意义), Foster 2017。

好的、更自由的工作以及减少工作时间,但绝不是废除工作。

这个有关废除工作还是改善工作的辩论一再地被重新提起。1995年,美国社会学和经济学者杰里米·里夫金(Jeremy Rifkin)出版了《劳动的终结》(*Das Ende der Arbeit*)[1]一书。书中他预测,机器人和算法将完全接管传统的劳动世界,而且也别指望人们可以为此做些什么。如果真能做些什么的话,或许只可能在公民社会(Zivilgesellschaft)的"第三产业"做些未来的"好"工作,而不是传统付薪劳动(Lohnarbeit)形式的工作。许多如今要求无条件基本收入的人也接受这样的假设,即未来不再是所有社会成员都拥有传统意义上的工作。但是,这类预测却已经非常过时且至今也从未成真。19世纪初,英国纺织工人,即所谓的"卢德分子"摧毁了威胁他们工作的机器;今天,一些人看到自己的工作受到威胁,或许也想做类似的事情。

然而,改革可能往往是痛苦的,尤其是在缺少社会组织来应对这些动荡的情况下:在笔者看来,

---

1 参见 Rifkin 1995。

机器风暴（Maschinenstürmerei）似乎不是有望成功的模型。"卢德分子"们不能阻止发展的进程，付薪劳动至今也没有终结，不是因为机器没有取代某些工作，而是因为新的工作岗位又出现了。有关完成某些工作步骤的知识和经验"储存"在工具和机器中，这是一种已有千年历史的现象。同样古老的现象是，机器并不能完全按照我们的意思去做事，因此需要人来"照料"它们。所以总是会不断出现新的工作岗位，要么围绕这些机器，要么在全新的工作领域。[1]

即便未来智能机器人和计算机程序接管更多的工作，也不能因此就假设不再需要人类劳动。如果我们认为，我们会继续生活在一个广阔而复杂的社会中，个人所从事的工作不仅仅是为了满足其直接的需要，那么"劳动市场"和家庭以外的公司或管理机构中的工作将继续存在。当然，新技术具有减少工作时间的潜力。如果这一潜力得以充分利用，那么在最好的情况下，所有社会成员势必拥有更多的空闲时间，例如每周工作 4 天成为常态。然而，没有迹象表明我们认识的"劳动世

---

[1] 参见例如 Abbott 1991, S.17 – 42。

界"这一社会领域会完全消失,而这是否是我们期望的也成问题。

二、拯救劳动,从何入手?

然而,这并不意味着我们依然能够假设所有的一切都保持不变;相反,我们必须积极构建劳动世界的未来,以更加适应即将到来的变革。由此产生的挑战,笔者将在后文中进行讨论,首先论述有关思想史与文化史的背景,其次是解决方案。

第一,我讨论一个普遍存在的误区,即什么是劳动以及它如今如何发生。从本质上讲,现代劳动是基于**劳动分工**(arbeitsteilig)的、是在社会系统内组织的,相对于个人主义的劳动具有许多优势,但同时也产生新的危险。除其他事项外,这涉及以下问题:如何防止劳动分工体系的滥用以及吹哨人(Whistleblower)在其中可以扮演的角色。

第二,最终要摆脱对"市场这只看不见的手"或其他自动主义(Automatismen)的误信,并探索谁拥有哪些设计以及使用它们的可能性。

第三,有一个并非现代劳动世界所独有,但尤为普遍的问题是,责任与担保的不平等分配以及责任的含混不清，大众汽车的尾气排放丑闻就证明了这一点。数字技术的使用可能不无危险地加剧这些趋势。夸张地说，许多地方似乎都奉行"抓小放大"的原则；这不符合民主社会所有成员拥有平等权利的原则。

第四，这是一个事实，即劳动世界过多地受到来自上层、跨越许多权力层级的上级控制的影响。新的通信技术提供了许多新的参与机会，这可以为经济世界民主化的现状带来全新的推动力。作为一个社会，我们不应该错过这个机会，尤其是德国共同决定的实践在历史上已经得到证明。与其他公司模式相比，它已经代表了一定程度的民主化。

第五，劳动世界在保持社会凝聚力方面的作用不容忽视。我们是否真的应该将数字化转型视为一种利己主义的"经济人"（homo oeconomicus）体验，还是可以将其置于社会规范（soziale Vorzeichen）之下？

数字化转型是否会让我们进入一个噩梦般的反乌托邦，而不是一个更好的劳动世界，这将主要取决于我们这个社会如何应对新的挑战，是畏惧还是有效利用这个机遇。这项政治任务关系到政

第一章 劳动的未来：乌托邦还是反乌托邦？

治家[1]和公民各自的角色，所以它关系到我们所有人。

至此，笔者就有必要厘清一个关键词——数字化。英文中的"Digitization"（数字化）最初完全是指技术上的，即从模拟信息到数字信息的转换。数字信息是以位（bits）和字节（bytes）表达的（"Digitization"的英文还意味着电子扫描图书，目的是让人们可以在线阅读书籍）。数字化转型（Digitale Transformation）也许是最贴切的术语：它描述了数字技术引入后产生的改变。各个领域的具体含义必须根据具体情况而定。它可以是数字通信的引入，如政府机构的电子表格；也可以是自动化决策方法，如预测已决犯再犯可能性的算法；还可以是配备人工智能的全自动机器完全取代人力。然而，这无论如何都意味着：劳动的形式及其信息和通信方式正在发生改变。这就给我们提出了新的问题，即如何构建劳动世界。

---

[1] 本书中，当人类群体的性别未知时，男性和女性形式自由切换地使用。这节省了烦琐的设计和指代普通男性的偏颇，因此总是涵盖所有性别。（Politikerinnen，直译为女政治家们。——译者注）

三、技术决定论,还是政治设计?

这就引出了本书在《拯救劳动》标题下实践层面的反对立场。简单地说,就是什么也不做,顺其自然——因为什么也做不了。在谈论数字化转型时,人们常常会觉得它从根本上就不在民主政治能够干预的范畴之中。这些变革现象被描述成不可阻挡的过程,被描述成服从高阶规则且不可调节的演进式发展。与"全球化"或"世界市场"一样,人们对"数字化"同样做不了什么。

但当政治和公民社会不采取任何措施来推动数字化转型时,就会有其他一些人来推动。目前,这些人主要是大型全球互联网公司和其他希望分得数字化蛋糕的公司。如果私人企业的福祉自动与社会的福祉相契合,人们似乎不必感到担心,但没有证据表明事实确实如此。一方面,所谓"涓滴效应"理论("Trickle down" Theorie)[1]被证明是幻想。这是一种经济增长从社会的富裕阶层终归"滴灌"(hinuntertröpfeln)惠泽弱势阶层的理论。另一方面,数字公司如今可以设立在世界任何地

---

[1] 参见例如 Sayer 2017。

方;因此人们甚至不清楚,**哪个**社会将因它的行动而受益。就像"天堂文件"(Paradise Papers)所显示的那样[1],它们的利润会定期被逃税,而税收是为共同利益做贡献的最重要方式之一。

因此,我们需要进行政治设计,而不是以变化的不可控制性为托词而选择逃避。尤其是这里还存在一个悖论:正是那些热衷谈论不可控制性的人,强烈希望保有控制权。例如,当政界或商界人士建议给予员工更多的工作流程控制权时,就可以看出这一点,因为他们通常能够更好地判断怎样最好地运用新的数字工具。以笔者的经验来看,这些建议遭到的是恼怒的误解和冰冷的沉默。一方面声称自己无能为力,另一方面又不想放弃自己的影响力。这并不是特别一致。

如果那些掌握政治和经济权力的人只是随波逐流,而不是积极地构建框架条件,那么那些以强者形象示人并宣传其政治行动能力的民粹主义者的承诺[2]就更加诱人。如果总是谈论某些趋势的不可避免性和缺乏替代方案,那么产生恐惧、宿命

---

1 参见 Gamperl et al. 2017。
2 参见 White 2017。

论和政治煽动者的危险温床又有什么奇怪的呢？对即将来临的动荡感到恐惧[1]可能是近年来许多西方社会越来越容易受到民粹主义政治影响的深层原因之一。"新混乱"[2]和不断加速变化[3]的感觉使前几十年表面上的稳定与和谐看起来令人惬意（当时的社会约束、公约的力量及选举可能性的缺失往往被忽视）。那时，世界还更多地为民族国家秩序所严密包裹。

在英国退出欧盟运动期间，"收回控制权"（Taking back control）是"英国脱欧"（Brexit）支持者最重要的战斗呼声之一。人们需要在许多领域将全球化的经济重新置于更大的政治控制之下。这一点本身没有错，但在反对移民和欧盟的同时，以民族主义的单打独斗来实现这一目标既不可取，也无意义。我们真正需要的是从经济和劳动世界中收回民主的控制权。除此之外，还因为这在全球化的世界中，只有通过"从外部"强加规则，

---

[1] 参见 Booth 2017。
[2] 这是 1985 年出版的对哈贝马斯的一卷访谈录的标题，旨在提醒人们，这种现象并非像人们现在想象的那样新鲜了（Habermas 1985）。
[3] 参见 Rosa 2005。

通过制定民主框架,才能在有限的程度上实现这一目标。因此,这个经济和劳动世界势必比以前"从内部"实现民主化要强大得多。有关这一观点笔者将在第五章详细阐述。

这里涉及一些经济理论很少讨论的,且在公共话语中也容易隐藏的东西:经济和政治之间的权力关系。我们正在经历一场怎样的数字化转型,是完全在新自由主义意义上为"市场"并最终为数字企业的利益服务,还是民主社会抓住机遇让劳动世界和经济世界更加人性化,更加公正?谁从这些变革中受益?还有:在机器人和算法的美好新世界中,劳动究竟还意味着什么?谁对此拥有解释权?谁能获得哪种形式的劳动?数字化转型是在凝聚社会,还是在制造分裂?笔者的建议并不是让政治"完全控制"(durchregieren)劳动世界的每一个细节。然而,"自上而下"的政治变革可以为那些由真正受到影响的人所决定的"自下而上"的变革指明方向。

这具体意味着什么?例如,改变法律责任的形式,为公司制定更具参与性的法律形式。例如,对福利国家进行重组,以使在不断变化的劳动力市场条件下依然可以维护团结和社会保障的原则,并充分考虑税负在资本与劳动间的分配。其中的一些做法在欧盟层面上实现是最有意义的,但各国政府也可以启动变革。也许这个参与性的、民主组织的经济世界项目甚至可能是社会民主政治多方要求创新的核心。

还有其他的例子:在公司内部,可以尝试新的参与做法,并推动向更民主的治理形式迈进。最后,但同样重要的是,我们每个人都可以对工作、职业身份以及"不实"的简历等问题有不同的思考。例如,如果不把对政府支持的暂时依赖列为禁忌,那么我们将受益匪浅。只有在诸如政治、经济、公民社会和文化等各个层面进行变革,我们的劳动世界才会变得更具社会性,也更加公正和民主。劳动的未来是否一定是反乌托邦,还是我们将迈向一个更加自由、公正和民主的劳动世界,这都掌握在我们所有人的手中。

当然,劳动不应该成为一种拜物教。人们不应该放弃探寻减少劳动、提高效率以及珍惜自然资源的可能性。理想的情况是,让社会的所有成员,而非仅仅少数人群获得更高的生活水平。正是为了实现这一目标,我们必须将劳动世界视为一件共同的、需要一起创建的事情加以认真对待。

许多与劳动世界有关的成果都进行了数十年的艰苦奋斗才得以实现,具体表现在:劳动安全标准、最长劳动时间规范、休假权利、企业共同决定、退休权利等。这是一种让劳动更加公平、让劳动成果获得更加公正分配的斗争。这种斗争必须继续下去,特别是在重大技术变革的时代。是继续捍卫这样的斗争,还是在数字化转型中让谋求更好、更公平劳动的斗争消失?或许我们甚至可以利用新技术来扩大已经取得的成就?

四、过去的神话

当重大动荡将近时,清醒地认识到其中的利害关系至关重要:涉及哪些原则和价值、触及谁的利益、其优先次序如何、哪些妥协是必不可少的。在这些阶段如果还不假思索地沿用过去的假设和判断来推断未来的话,问题就很严重。因此,非常重要的是,要精确化和批判性地处理劳动世界隐含的图像和模型,即哪些影响了我们的行为,还经常影响我们的机构。因为其中有一些是神话——可能让我们误入歧途的神话。

最危险的神话之一是一个非常简单的神话:

劳动是纯粹的经济活动，也因此从纯粹的经济学角度来评判它。如果人们仅将劳动作为一种生产要素来观察，即与土地、资本和机器一起成为产品和服务的生产要素，那就理解得太过肤浅了。然而，不幸的是，许多有影响力的经济理论的确都是这样理解劳动的：将其视为一种生产要素，而与此几乎不相关的是，它是由人提供的，由怀揣希望和梦想的人提供的，他们希望发展技能、获得认可并塑造自己的生活，无论是独自一人还是与他人一起。

许多劳动**实践**也是基于这样的思维模式而被塑造出来的。它们恰好不被看作政治项目，而是纯粹的经济项目。一个典型的例子是，20世纪初期盛极一时的、臭名昭著的泰勒主义流水线工作模式：劳动者的每一个特定动作都被精确计算到秒，让其身体适应机器的节奏，从而优化他们的"工作效率"。[1] 劳动者不需要思考，所有与人有关的问题都纯粹从效率的角度来考虑。

如今这样的生产线至少在西方已经几乎不存在了，这得益于过去几十年技术的发展。不仅如此，更多常规的、对人类来说枯燥乏味甚至危险的

---

[1] 参见 Taylor 2007。

工作,未来也有可能为机器所接管。另外,还存在一种误解,即认为保留所有工作的现有形式或现有工作内容的所有要素本身是可取的。一直以来,人类劳动的本性就是将劳动分解为具体的步骤,并运用所有类型的机器设备来减轻劳动。

因此,为了更好地理解现状,本书旨在探究一些充斥于当今劳动世界和与之相关的公开辩论中的思想和观念。在摆脱一些顽固却错误的先入之见之后,笔者将对劳动世界的公正和民主设计提出一些具体方法。

对此,笔者的视角是哲学的;哲学的核心任务之一是,质疑到底什么是理所当然和不可避免的。其资源之一是思想史:关于未来,我们可以从思想史中学到什么?当今流行的哪些说法在其他时代就已经存在,当时被证明了吗?我们既有的想法从何而来,今天是否仍然适用?为了寻求解决方案,哲学必须经常与其他学科进行对话[1]——社会

---

[1] 对笔者论据中"学术"参量感兴趣的读者可参考本人的其他相关出版物,尤其是 *Reclaiming the System. Moral Responsibility, Divided Labour, and the Role of Organizations in Society*。笔者之所以会放弃一些论证细节,与本书的受众定位有关,参见 Herzog 2018。

学与这一主题尤为相关,但经济学和政治学的见解也很重要。

有些评论家分析当前的现象,如数字化转型首先看到的是消极的方面:民主的危险,人性的风险,对所有一切真善美的威胁。事实上,考虑到最近的一些事态发展,人们很容易认同悲观主义者的观点。但这会忽略一个事实,即正在发生的变化中也存在着机遇。乍看起来,我的建议似乎过于乐观。但是只有当我们对它们进行讨论时,才有可能在某一天将其变成现实。如果从未提出积极的建议,自我实现的预言(selbsterfüllenden Prophezeiung)也就只能朝消极的方向发展。

其他读者可能又会认为笔者描绘的图景看起来不够有远见,对如今社会基础的质疑看起来不够激进。也许这是一个政治风格的问题,即人们是愿意构建一个更好的,但却遥远的未来宏大愿景,还是愿意寻求对具体机制进行改进的务实研究。然而,这两者并不相互排斥,而且在我看来,重要的是无论如何务实的步骤都不应该被误解为排除、回避甚至阻止未来更激进的变革,我们采取的务实措施越多,就越能了解还有哪些变革有可能建立一个更加公正和自由的社会。在这样的过程中,制度、实践和价值观可以一起逐步发生变化,而在价值观和文化尚未发生变化的情况下,多次试图强行改变制度,结果要么轻声言败,要么以悲剧性的冲突告终。

因此,笔者的建议似乎更像是"渐进的"而非"革命的",但又有望带来如下结果,即演进步骤的总和可以产生最终的革命性变革,这种变革不是反乌托邦的,而是能够使我们逐渐接近我们目前仍称之为乌托邦的境况。这种变革的轮廓可以在变化的过程中形成,在充满冲突和妥协的共同学习过程中,我们可以更好地理解诸如公正和共同参与在数字化劳动世界条件下的抽象价值与实现。在笔者看来,这不仅是战略上更加明智的做法,而且是更为民主的方法:人们致力于变革,一种尽可能多的人可以贡献自己知识和经验的、更好的变革。

第二章我将讨论一个带有强烈个人主义色彩的神话:数字时代"企业家"的神话。他们受人钦佩,拥有公共舞台,也得到国家领导人的倾听。但这是合理的吗?当前的一大挑战是,不应再忽视人类劳动流程以及数字化转型的社会方面要素。技术发展是建立在历史成就的基础上的,是由许多个人的贡献而得以实现。人们常常忽视人类劳动的社会特征,因为它要么被视为获得收入的纯粹经济工具,要么完全作为个人自我实现的形式。数字化正在改变劳动的社会结构,并且许多劳动分工的消极方面也因此有可能得以克服:尤其是劳动环节中过于机械重复,以至于看起来不人性的步骤,都可以简单地由机器人来代替。与其将个别企业家奉为英雄,我们不如认真审视一下这个复杂的社会体系。另外,还因为这些体系容易遭到破坏和滥用,因此我们实际上应该庆幸有另一类的英雄存在,即揭露此类不良状况的吹哨人(whistleblower)。

第三章讨论另一种有多种表现形式的误信:事物可以或应该"自发"进行自我调节,无须人为干预。许多关于数字化的讨论都错误地与对自由市场自我控制的幻想相似,2008年的全球金融危机使人们从这种幻想中幡然醒悟过来。乐观的观点认为,这种误信意味着我们不**必**做什么,一切都会自动变到最好。悲观的观点认为,我们无**能**为力,因为无论如何一切都在变得更糟。但是,我们不应依赖任何"看不见的手",而应该以健康的现实主义态度进行思考,在哪些层面可以进行构建,以及哪些"看得见的手"控制着变革的进程：议会中构建市场框架的政治家，以及公司内部的决策者。

我们劳动分工体系的组织方式对如下事项有着巨大的影响，即哪些个人受到何种形式的控制，以及谁享受何种物质和精神方面的优势等。由此产生的失衡问题是第四章探讨的主题。这是因为，尽管人们常说所有人都需要市场经济并且都需要对其行为负责，但该规则似乎并不平等地适用于所有人，特别是对大公司的高层，这似乎常常缺乏约束力。如果当前可见的趋势在数字化转型的条件下继续进行，那么它实际上看起来是相当反乌托邦的：那些在体系中处于"下方"的人将处处受到数字化的控制，而体系中处于"上方"的人几乎不需要被要求什么。但是，如果法律规则和社会保障制度能够适应现代社会，情况就不会如此。这不仅涉及金钱的分配，而且关乎权力（权利）的分配。顺便提一句，左翼政客和硅谷老板们在要求无条件获取基本收入时，往往忽略了这一点。无论是在职场承担责任还是在防范风险方面，我们都需要每个人拥有相同的游戏规则。

第五章讨论的主题与历史演变的图景和偏

见有关：劳动世界必须如何按等级组织起来的问题。鉴于通信成本的迅速下降和数字化协调的新可能性，我们应该质疑这种所谓的必要性。数字化可以为经济世界民主化的旧项目带来新的推动力，例如通过使用数字**小型公众**（mini publics）和物美价廉的在线投票方式。在此，需要使用新的组织形式进行实验，例如使用不仅致力于提高效率，而且致力于提高劳动质量的合作社模型（genossenschaftliche Modellen）。

在最后一章中，我将回到本书的主题：劳动的社会特性。这一次与个人无关，而是与整个社会的凝聚力有关。我们的劳动分工体系将与数字化体系形成日益牢固的共生关系，但它们也能确保**社会的**一体化吗？尤其是劳动世界可以使我们与原本不会遇到的，有着不同出身、不同想法、不同价值观的人们走到一起。遇见这种多样性对个人来说是一种资源，对一个社会的凝聚力来说也是必不可少的。即使在未来数字化的劳动世界中，也不能失去这样的机会。

第二章

劳动分工的社会特征：
孤胆英雄还是共同创造？

每个时代都有自己的英雄,我们这个数字化变革的时代也是如此。世界上最著名和最成功的人要数这样一些公司的创始人和领导者,如谷歌、脸书和亚马逊等,没有这些公司,我们几乎无法想象我们如今的生活。依照两位评论家的最新说法,脸书公司就是信息时代的创造神话(Schöpfungsmythos)。[1]特别是在美国,像拉里·佩奇(Larry Page)和谢尔盖·布林(Sergey Brin)、马克·扎克伯格(Mark Zuckerberg)和杰夫·贝佐斯(Jeff Bezos)这样的企业家都被奉为天才,他们推动了竞争的"创造性破环"(kreative Zerstörung)。他们是这个星球上最富有的一群人。如果他们发表演讲,全世界都会倾听。在剑桥分析公司(Cambridge Analytica)丑闻发生之前,甚至有人猜测扎克伯格可能会参加2020年美国总统大选。[2]即使(尤其是)这些谣言是假的,也足以说明公众对这些人的看法。

---

1 参见 Thompson & Vogelstein 2018。
2 参见例如 Haenschen 2017。

爱德华·斯诺登(Edward Snowden)或切尔西·曼宁(Chelsea Manning)之类的吹哨人则以完全不同的方式为人所知：他们没有建立网络帝国(Online-Imperien)，而是将大型组织黑暗内部有问题的做法信息带到了公众面前。在斯诺登案中，涉及美国国家安全局(US-amerikanische National Security Agency, NSA)的大规模在线监控，而在曼宁案中则是美军致手无寸铁的平民死亡。这两起案件都极具争议性，两位吹哨人都付出了高昂的代价：斯诺登流亡莫斯科，回国无望；曼宁被监禁数年，然后在奥巴马总统卸任前的特赦令中被减刑。

一面是数字企业家，另一面是吹哨人，象征着我们目前正在经历的许多变化。一方面，那些大型网络公司正在变得越来越强大。"谷歌"已成为动词，一个在我们的日常话语体系中占有明确地位的动词；在脸书上查看新闻是我们日常生活的一部分；亚马逊正在给零售业带来麻烦——且由于其物流中心恶劣的工作条件，成为大众的话题。另一方面，人们对透明度有了新的期望，而且由于数字化数据拷贝的可能性，传递信息也有了新的机会。揭示劳动分工型组织内部可能出现的问题要容易得多。

第二章 劳动分工的社会特征：孤胆英雄还是共同创造？

为了了解劳动世界的现状和可能的未来，重要的是要弄清楚目前对两大群体英雄气概（Heldentum）的判断是否公正合理。这不仅涉及我们尊崇何种榜样和传递何种价值观的问题，还涉及在某些被认为是令人钦佩的表现的观念背后，存在着对现代劳动世界实际运作方式的假设。因为如果我们想为**未来**的劳动世界设定正确的发展方向，我们就必须正确地理解**当前**的劳动世界。

在本章中，笔者想说明在每种情况下这些假设是什么，以及为什么吹哨人可以比公司创始人更有理由被视为英雄。没错，我们应该感谢那些推动世界向前发展的创造性天才，但这样的崇拜却成了神话，这与人们对如何创造价值的错误认识有很大关系。人类是社会动物，这也适用于他们的劳动方式，即在劳动分工的结构中，高度复杂的任务是由人们一起完成的。如果未来这些结构变得更加数字化和网络化，那么它们的这些社会特征必须得到重视。但是，由于这种劳动分工的结构对于局外人来说很难理解，因此始终存在这样的风险，即外部所代表的东西并没有在内部发生。为了确保这类复杂体系的发展在正确的道德轨道上行进，我们亟须吹哨人将误导性的发展公之于众。

一、创造性天才的神话

一幅经济世界的画面可以解释为什么公司创始人被誉为英雄。根据这一画面,经济处于正常状态,一切都在平淡无奇的平庸中进行。广大从业民众都被困在例行事务当中,该体系朝着更草率和效率更低的方向走下去。但是随后太阳升起,天才突然出现了(或者更现代的说法:从加利福尼亚的车库而来)。他是一名年轻的男性,具有运动的步态和果敢的外观,并有书卷气。根据**定义**(per definitionem),这个天才有一个绝妙的想法,并尽一切努力使它成为现实;不顾一切的可能性,不顾一切反对的声音,不顾体系的一切惰性,他将新事物带入世界。

如果这个画面是真实的,我们都应该感谢这些天才。没有他们,我们的想法就会陷入永恒不变的沼泽。他们使社会不断前进,他们具有"破坏性",这在短期内可能会造成一些伤害,但从长远来看,这将使我们向前发展(从长远来看,事情正在走上坡路也是此画面的一部分)。天才的银行账户里有巨额财富是理所当然的,毕竟他们取得了非凡的成就。任何怀疑这一点的人都会受到指责,是借故挑起一场"嫉妒辩论"[1],这些人被平庸者的嫉妒所迷惑,他们不愿承认天才的特殊性。

企业家天才的形象很少被明确提起,但却屡屡出现,特别是在涉及数字变革时。初创企业受到赞誉,就好像所有在现有企业工作的人都因此是失败者一样。"破坏"(Disruption)被置于"进化"之上,一切看似渐进的变革都被谴责为过于迟缓。那些被授予天才地位的人则适用于其他规则,例如早年脸书使用的口号"快速行动,打破局面"(move fast and break things)[2]并未被批评无所顾忌,反而被认为值得效仿。

---

[1] 这一场景——天才和平庸的嫉妒者——在以安东尼奥·萨列里和沃尔夫冈·阿玛多伊斯·莫扎特为原型的电影《莫扎特传》(1984)中有所呈现,但与相关的史实不符,参见 Baier 2014。

[2] XKCD 的一幅漫画以幽默的方式切中了问题的要害:»My motto is move fast and break things. Jobs I've been fired from: Fedex Driver, Crane Operator, Surgeon, Air Traffic Controller, Pharmacist, Museum Curator, Waiter, Dog Walker, Oil Tanker Captain, Violinist, Mars Rover Driver, Massage Therapist«(我的座右铭是快速行动,打破局面。我被解雇过的工作:联邦快递司机、起重机操作员、外科医生、空中交通管制员、药剂师、博物馆馆长、服务员、遛狗员、油轮船长、小提琴手、火星探测器驾驶员、按摩师)。参见 https://imgs.xkcd.com/comics/move_fast_and_break_things.png. [2018.10.19]。

相反,一切与"破坏"无关,但与维持现状有关的可能的劳动形式都被贬低了。例如,为了天才们能够"死磕"其项目所必需的劳动,从运送食物到修补坑洼再到警察和政府机构维持公共秩序;所有与照顾老弱病幼有关的劳动也都被贬低了。这一切与天才的光芒相比,都显得黯淡无光。顺便说一句:现在提出关于男性和女性榜样问题的人就显得很无聊了。

在此,我们当然不应否认某些人在将科学知识转化为新技术产品方面起着决定性的作用。他们不仅需要了解技术的可能性,而且要具备知道哪些需求可以得到满足,甚至首先被唤醒的第六感,他们要找到合适的企业形式,从而能够进入大众市场。这需要综合的技能和天赋,而这些并非人人都具备。

但是,当我们回顾孤独天才的思想史背景时,就会对他们的形象产生最初的怀疑。这一思想最重要的先驱之一是约瑟夫·阿洛伊斯·熊彼特(Joseph Alois Schumpeter,1883—1950)。他是来自奥地利的经济学家和政治家,在20世纪上半叶建立了所谓的"奥地利学派",在经济学方面发挥了关键作用。该学派特别强调资本主义制度的动态特性。当其他经济学家在探讨市场如何在供需之间建立一种**平衡**时,熊彼特则对**不平衡**的产生方式[1]很感兴趣:经济周期、技术变革或经济生活组织形式的创新。

迄今为止,熊彼特最著名的概念是"创造性破坏"。这个想法比较古老,例如早在 1848 年由马克思和恩格斯撰写的《共产党宣言》中就已经出现。但是正是熊彼特在这个令人难忘的概念下进行了真正的扩展。"创造性破坏"的英雄[2]不是科学发明家,而是那些在市场上实施创新的人。他们具有"创造性",因为他们创造了新的事物并改变了世界,但同时也具有"破坏性",因为古老的公司被新的竞争席卷,市场的游戏规则被改写。或者用马克思和恩格斯的话来说就是:"所有固定的、锈蚀的关系,连同它们所有附带的历史悠久的思想和观点,都被消解了……所有静止的、停滞的东西都蒸发了……"[3]

在马克思和恩格斯那里,这些动态变化过程中的参与者是无名无踪的,其焦点是竞争和资本形成

---

1 尤其参见 Schumpeter 1912。

2 参见 Schumpeter 1946 (Kap.7)。

3 参见 Marx & Engels 1964。

的系统过程。而在熊彼特那里,"创造性破坏"说法的背后是一个相当粗糙的人类形象。根据这个形象,被动、惰性的大众面对的是少数已走出大众的"伟大"人物。当大多数人满足于过平静的生活时,"企业家"则会受到蠢蠢欲动的野心驱使,不受社会习俗或理性羁绊,为这个世界注入新鲜事物。

这种人类形象在20世纪前几十年中并不罕见。人们对"伟人"的渴望恰巧在魏玛共和国那个混乱的年代尤为普遍。除此之外,社会学奠基人之一——马克斯·韦伯(Max Weber, 1864—1920)也提出"魅力型"统治者吸引大众的想法。[1]在随后的几十年,人们以最清晰的方式看到了这种形式的领袖所带来的危险。熊彼特的"企业家"并不活跃在政治领域,而是活跃在经济领域。但作为一种类型,其与当时流传的"领袖"和"伟人"的思想有着恼人的相似之处。

有人可能会争辩说,在数字时代,领导力并不那么重要,对数字帝国创始人的钦佩是基于完全不同的事物:丰富的思想、创新精神和创造力。这些能力确实让人敬佩。那些利用这些能力为世界

---

[1] 参见 Weber 1980 (Kap.III.4, §10)。

带来具有社会价值的创新成果的人,也应有权为自己分一大块蛋糕。难道不是吗?

这种说法有一定道理。但您是否想过,例如谁是互联网的"发明者"?人们有时会提到英国人蒂姆·伯纳斯·李(Tim Berners-Lee),他开发了基本构件,如网站的 html 语言。[1]但是伯纳斯·李并没有因此而赚到钱,他当时在位于瑞士的欧洲核子研究组织(CERN)工作,而不是为私人公司,更不是为自己的公司工作。虽然他获奖无数,但主要为专家们所熟知。

重要的是:伯纳斯·李也并不是一个人独自在战斗。他的发展是建立在一个更大的劳动分工关系之上的,其中许多人共同努力,使计算机联网,创造了我们现在所说的互联网。[2]这个场面绝不是互联网的特征,而是创新产生的典型方式。

人类的知识是在社会环境中产生的,[3]而不是

---

[1] 参见 https://en.wikipedia.org/wiki/Tim_Berners-Lee [2018.6.22]。

[2] 梗概参见 *computerhope.com*,https://www.computerhope.com/issues/ch001016.htm [2018.6.22]。

[3] Alperovitz & Daly 在此引用了 William Baumol 的估算。据其估算,西方国家现今近 90% 的 GDP 是基于 19 世纪 70 年代以来的发明创造。参见 Alperovitz & Daly 2008, S.4。

通过孤立工作的天才们的独立活动产生的。有关科学与技术史的研究表明了这一点。[1]人类知识建立在过去获得的知识之上。没有电就没有互联网,没有基本物理知识就没有电的应用,而这些知识是历经数百年发展成熟的,是人类的共同遗产。因此,人们完全可以发问,新发明及其产生的利润是否应该更高程度地直接流向社会,而不是被个人或公司攫取。毕竟,它们在很大程度上是建立在这一共同遗产之上的。

尽管人类的学习过程基本上是从驯服火焰和其他早期突破开始的,但是在过去约 1/4 世纪的时间里,科学知识在实际技术问题中的应用[2]取得了巨大进步。在启蒙时代,人们意识到可以利用理论知识来改善自己赖以生活的世界。根据经济史学家乔尔·莫基尔(Joel Mokyr)的观点,至关重要的是将有关基本现象的**理论**知识和有关具体机制的**实践**知识结合形成一种富有成效的相互关系。理论和自然科学知识让人们了解了某些事物如何运作,这使得实践者可以更快、更系统地引入

---

[1] 参见例如 Alperowitz & Daly 2008。

[2] 参见 Mokyr 2004。

具体的改进措施；反过来，实践经验又为理论知识的进一步发展提供了指引。在启蒙运动之前的几个世纪中，已经有许多单独的发现和技术创新，但是人们对它们的理解在很大程度上还是零敲碎打的，没有形成一个相互支持的密集知识网络。自近代早期以来，知识得到了更广泛的共享，因为它们可以通过出版物、通过许多大学和学术协会的传授进行传播。因此，知识的**社会组织**在很大程度度上使个人得以发展新的知识。

许多重要的科学或技术突破都是由多位研究人员共同取得的。[1]这一事实也印证了上述观点。科研工作通常要默默地进行数年或数十年，直至达到新突破的临界点。正是这些累积的过程最终导致了新成果的诞生——而参与研究人员之一实现了这一成果。例如，查尔斯·达尔文（Charles Darwin）和他的同胞阿尔弗雷德·拉塞尔·华莱士（Alfred Russel Wallace）同时，有时甚至一起发展了进化论的基本要素。[2]科学或技术创新通常是现有要素和创新要素相结合的结果。[3]毫无疑问，

1　参见 Alperovitz & Daly 2008, S.9 ff., S.56 ff.。
2　参见 Alperovitz & Daly 2008, S.59。
3　参见 Alperovitz & Daly 2008, S.62 ff.。

这种结合必须由某个人来完成——如果不是张三来做,很可能就是李四来做。可能王五也取得了同样的突破,只是他远离科学中心,掌握的物质资源较少,或者缺乏有影响力的支持者,因此无法继续探究自己的见解。

但是,历史的记忆总是聚焦在杰出人物身上:如今的每个学龄儿童都知道查尔斯·达尔文,却很少听说过华莱士。这就扭曲了技术创新的历史,其中杰出的思想就像山峰一样从雾海中探出头来。对于拥护这种历史观的人来说,我们的首要任务显然是找到下一个托马斯·阿尔瓦·爱迪生(Thomas Alva Edison,灯泡的几位发明者之一,但他首先是一位优秀的企业家,因此确保了身后的好名声)或詹姆斯·瓦特(James Watt,他大力发展了蒸汽机,尽管这是建立在他人的基础工作之上)。然而,如果你仔细审视一番,定会发现这种创新在很大程度上是建立在许多其他人的成就基础之上的,而且我们也没有理由认为如今的情况会有所不同。

在数字化领域,还有另一个因素。那里发生的许多进一步发展都具有规模效应,这意味着,当它们被尽可能多的人使用时,就会产生优势。在其他领域也可以看到这种现象,但在数字化世界中表现得尤为明显。软件一旦编写好,就可以被其他人使用,几乎不需要额外费用(正因如此,如果人们想从中获利的话,必须严格保密或进行专利保护)。一个社交网络的发展离不开尽可能多的用户,他们提供的数据量越大,就越能根据他们的兴趣和愿望提供更好的服务。不仅如此,所谓人工智能的算法程序也同样可以学会在获取的数据量越大的情况下越快地完成任务。

这些效应通常意味着,那些一开始可能只领先竞争对手一丁点儿的公司最终会掌控整个市场,而且一旦它们成长壮大,地位得以确立,新的玩家就很难跟上它们的步伐。这与大量供应商之间正常的市场竞争关系不大。人们总是在讨论,攻击者进入市场的**可能性**在多大程度上抑制了现有公司。[1]但是在明显的规模效应中,例如社交网络的情况似乎并非如此——如果允许头部公司简单地收购可能对其构成竞争威胁的年轻公司,至少就不会如此。不过这是数字公司运营框架

---

1 此论点在关键词"可竞争市场"(contestable markets)下进行讨论。

条件的设计问题。关于此,笔者将在下一章继续讨论。

如果我们对这些思考进行总结,那么今天那些大型互联网公司掌舵人的英雄形象就不那么耀眼了。这可能听起来有些匪夷所思,但如果没有这些人,或他们决定将自己的生命投入其他事情,那么很可能其他参与者就会利用这个技术发展状况和市场形势所带来的机会。比如许多美国大学为新生提供印刷版迎新指南的电子版,并为他们提供网络交流机会。即便马克·扎克伯格没有这样做,也迟早有人会想到,只是时间长短而已。

与此同时,我们没有必要贬低这些人的成就。但关键是:这些成就——他们把握赢利机会、抓住时机、用自己的想法激励人们的能力——之所以能够实现,是因为他们是一个更大、更复杂系统的一部分。在这个系统中,有许多**其他**人提供其他形式的服务。没有**无追随者**的**领导**[1],没有无员工

---

[1] 例如,德里克·西弗斯(Derek Sivers)在题为"如何发起一场运动"的 TED 演讲中就强调了这一点:决定性因素是"第一个追随者",他向其他人表明,这里正在发生值得模仿的事情。这就是"领导者"之所以成为"领导者"的原因——否则所产生的推动力仍然是无效的。参见 Sivers 2010。

的老板(通常企业创始人和老板也离不开家人私下的支持)。正是不同参与者之间的相互作用决定了今天人类劳动的运作方式,因此过度美化个人是不恰当的。

二、分工的劳动,共同的成就

人是社会性的存在。这一事实也体现在我们如何劳动的这个问题上。乍一看,这可能显得有些自相矛盾,但这一社会性的体现恰恰就是劳动分工,也就是实行劳动分工。如果人不是社会性的存在,他们就必须自己承担所有确保生存所需的劳动。毕竟,人们怎么能确保分工所带来的相互依赖关系不会被他人利用呢?只有在一个可以实现和平、合作共处的集体或社会中,才能承担劳动分工的风险。

蜜蜂和其他一些动物也实行劳动分工,但是没有哪个像人类这般明显。我们只自产自己生存所需的极小一部分东西,即使生产,也往往是使用并非我们自己生产的设备和工具。我们很难想象没有劳动分工的生活——舒适性和生活质量将大打折扣,诸如没有火柴或打火机也能点火等基本技术被视为理所当然的时代已经太遥远了。当今的劳动世界如此分化,有如此多的职业,可以从事如此多的专业活动,这一切都令人着迷。

显然,劳动分工有其优势。经济学的奠基人亚当·斯密(Adam Smith,1723—1790)观察到使劳动分工的结果大于各部分之和的三种机制。[1]第一个事实是,专门从事某项特定工作步骤的人会做得更好。人们会变得更快,记住这些手上的动作,只需要较少的注意力就能完成这些步骤,因为大脑可以追溯熟练的日常操作,[2]其已真正为身体所内化了。第二个事实是,专注于一项任务的人不会浪费时间在不同活动之间的切换上。第三个事实是,能够更好地为那些被分解为单个专门步骤的活动开发机器,因为人们可以更确切地理解这些活动,且可以仔细考虑,能够分担这些步骤的机器应该是什么样子。斯密举了一个年轻工人的例子,他需要在蒸汽机上操作一个阀门,但他更喜欢跟其他孩子玩耍。他发现,他的工作可以通过

---

[1] 参见 Smith 1976 (I.I.), S.6 ff。

[2] 例如,人们常说,从小就使用智能手机的人,其拇指的活动能力要比老年人强得多。参见例如 o.V. 2014 auf sciencedaily.com。

一根绳子来代替,他把绳子绑在阀门手柄和机器的另一个移动部件上,阀门就会按照正确的节奏自动打开和关闭。[1]在全自动生产机器人的时代,这显得很原始,但它也提醒我们,这些生产机器人也是基于以下基本原理:首先将复杂的工作流程分解为多个单独的步骤,然后再由机器将它们重新组合在一起。

18世纪用来说明劳动分工力量的例子是大头针的生产:一个没有经验也没有专门工具的工人,即使付出最大的努力,每天最多也只能制造几十枚大头针。而在一家小工厂里,10个人分工合作,每天可以生产48 000枚或更多大头针,即每人每天至少4 800枚。[2]劳动分工是西方世界物质财富增长的核心因素之一,这种增长在斯密的时代就已经开始,自那时起迅猛加速。斯密在《国富论》一书的开头就这样指出,需要多少不同行业的人从事不同的专业活动,才能生产出工人小屋里的物品,这些物品构成了他微薄的财富:一件简单的

---

[1] 参见 Smith 1976 (I.I.),S.8。
[2] 1755年《百科全书》(*Encyclopédie*)中 M. Delaire 的一篇文章描述了这个例子,尽管数字略有出入,参见 Smith 1976 (I.1.),S.3。

羊毛大衣中隐含了下述人员的劳动,即牧羊人、染工、簿记员、裁缝的劳动,以及负责运输的海员,绳索制造者和其他人的劳动,又因造船需要钉子,因此还需要矿工、煤炭工、锻造工等的劳动。[1]

如果你对当今一个普通家庭中的物品进行同样的观察,那么你就会遇到一个更大的、更加差异化的全球劳动分工网络,[2]无数个人参与其中。在该网络中,过去的许多知识和经验都得到了利用——这涉及科学知识和技术专长,也涉及不断适应和进一步发展的组织形式和合作实践。

此外,该网络还可以帮助我们利用差异,如地理特征。不同地区的居民可以专注于各自的优势,[3]而不必自己生产所需的一切。在个人层面上也是如此:他们可以贡献各自的天赋、能力和兴趣。这样一来,不仅仅是狭义的经济意义上的劳动分工,也是不同的社会领域之间的劳动分工:除了

---

[1] 参见 Smith 1976 (I.1.), S.11。
[2] 国际劳动分工还有其他原因,此处请恕无法赘述。然而,应当指出,目前国际分工的形式是在明显不平等的背景下进行的。这种不平等扭曲了国际分工的结果,有时也使其在道义上受到质疑。
[3] 大卫·李嘉图(David Ricardo)早在 19 世纪就提出了这一"比较优势"理论。参见 Ricardo 1817 (Kap.7)。

经济领域,还有政治、科学、社会、艺术等各个领域。正是它们之间的相互作用才构成当今社会的效率。

从历史和全球角度来看,成为运行良好、高度发达的劳动分工体系的成员,是一种令人难以置信的特权。当人们关注国家秩序和经济劳动分工崩溃[1]的情况时,这一点就变得尤其明显。在运作良好的劳动分工体系中,人们用明确的付出就可以过上物质有保障的生活:通过培训或学习,人们可以掌握过去各个学科中的知识和技能,然后进入一个自己的专业活动能够创造价值并得到赞赏的关系中。当快速的变革进程席卷整个体系时,人们必须在一生中一次或多次调整方向,但这并非不可能之事。相反,对于一个生长在**失败国家**(failed state)或饱受战争蹂躏的国家的人来讲,无论他多么努力劳动,多么努力获得良好的教育,在这种处境下,他都无法为一个运行良好的劳动分工体系做出自己的贡献,而是往往倒退到只能以

---

1 然而,与那些生活自给自足、劳动分工差异小得多的,例如与从事自给农作的民众相比,情况就不那么明朗了。他们是否以及在多大程度上过着"更好"或"更糟"的生活是一个复杂的问题。尽管如此,很少有西方世界的人会愿意与他们交换位置,返回的道路几乎是不可能的。

某种方式确保自己生存所需的基本必需品。

通过社会劳动分工增加的机会不仅限于物质方面,它还影响到不同的活动、兴趣领域和劳动方式。人类的生命太过短暂,无法在所有领域都出类拔萃;我们中的每个人只能在少数几个领域发展真正的专长,而在其他领域我们注定只是外行。[1]这也意味着:我们与他人不仅存在竞争关系,也相互高度依赖,并将彼此视为一个系统的参与者,[2]而这个系统在最好的情况下是为所有人服务的。

还有那些通过沟通、协调或后勤方面的活动使整个网络团结在一起的人。2013 年,无政府主义社会理论者戴维·格雷伯(David Graeber)发表的一篇文章广为流传,其中谈到了"**狗屁工作**"(bullshit jobs)。[3]他在文中声称,当今社会的许多活动实际上毫无意义。在其中,人们从事着他们私下里认为无用的工作,例如行政管理。2018 年,他出版了有关这一主题的书,并补充了大量的例证。[4]

---

1 David Gautier 在 *Morals by Agreement* 第 11 章中也阐述了这一观点(Gautier 1987)。
2 参见 Herzog 2014,S.156 - 166。
3 参见 Graeber 2013。
4 参见 Graeber 2018。

第二章 劳动分工的社会特征:孤胆英雄还是共同创造? 53

格雷伯的文章和著作中包含许多重要的启发,例如关于社会不平等如何影响工作分配的问题;此外,他提到,那些认为自己的工作是多余的人精神上是痛苦的,这也是很重要的一点。然而,格雷伯忽视了一个事实,即在一个差异化的社会中,强制完成的任务只有从网络化的角度来看才显得有意义。他强调了诸如教学活动或汽车制造等工作的直接意义。然而,活动的协调也同样必要,因此也同样有意义,例如在编写时间表、检查已生产汽车的质量或调节冲突时。诚然,在某些领域,实际活动与分配给它们的协调活动之间的关系可能已经失控了(格雷伯以英国大学为例)。作为公开的无政府主义者,格雷伯认为人类具有自发的、和平的协调能力,但他忽略了这样一个事实,即复杂的劳动分工体系也需要那些实现这种协调的人,而这通常不会自己发生。这些工作往往具有明显的社会性,但对于许多从事这些工作的人来说却毫无意义。

然而,人类劳动的这一社会特征通常会被淡忘,也许是因为其他两种劳动观念强烈地影响着我们的社会:一方面,在经济观念中,劳动只是创造收入的一种手段;另一方面,在劳动是一种自我实现形式的观念中,劳动承载着自己常常无法实现的、过高的期望。

三、误区 1:劳动的经济观念

在物理学中,功等于力乘以距离;功率是单位时间内所做的功。许多经济模型基本上将劳动力理解为物理系统中的力矢量,其驱动力是自身利益,即希望赚取尽可能多的钱(钱也可转化为商品)。稀缺的商品是时间,这意味着人们希望在尽可能**短**的时间内赚取尽可能**多的钱**。

这个观念有一个真正的核心:劳动**还**可以保障生计。这也正是我们当今社会的组织方式,而且可能将继续保持下去。正因如此,才会出现这样一些重要的问题:公平的工资究竟是什么,应该有多高的工资才能过上好的生活,例如公司里最高的工资与最低的工资相比应该有多高。这些问题不能只从效率的角度提出和回答,必须同时从公正的角度进行考虑。

然而,这个观念也留下了许多问题未得到解答。一方面,事实上生活通常会更加复杂。如果有人得到两份性质**完全**相同的工作机会,其中一份的薪水比另一份高,那么他一定会接受前者而非后者。但是,在大多数情况下,人们要做出的选择是多维度的,金钱固然是一个重要的因素,但绝不是唯一的因素。金钱也不是唯一能激励人们工作的东西(如果不考虑创造收入的紧迫性)。许多心理学研究表明,当薪水**不**合适时,人就会动力不足,但是当薪水合适时,人们也不一定会因为钱多而积极工作,[1]有时积极性甚至会降低。

这个观念的另一个问题是,有很多钱买不到的东西。构成良好工作的许多性质[2]是高收入所不能替代的。好的工作[3]与人际关系的质量有关,与一个人是否意识到自己的工作是为了实现一个有意义的目标有关,与一个人如何发展自己的才能和如何度过自己的时间有关。当人们的生活接近温饱水平时,可以认为他们的工作主要是为了满足基本的物质需求。但是,在今天的西方国家,

---

[1] 参见例如丹·平克(Dan Pinks)的《驱动力》(*Drive: Was Sie wirklich motiviert*)一书中的概述,参见 Pink 2010。

[2] 还可参见»The Goods of Work (other than Money!)«, Gheaus & Herzog 2016, S.70–89。

[3] 有时,特定的替代是有可能的,例如你因为收入高而请得起管家,从而节省了时间,但这真的能弥补工作生活可能被认为毫无意义和过度竞争的事实吗?

人们有能力从不仅仅是收入的角度来看待工作。经济观念声称,人们工作仅仅是为了赚钱,从而进行消费,[1]进而从消费中获得意义和满足感,但未提及工作本身也可以带来意义和满足感。

从根本上说,经济观念对人类劳动的描述,仿佛我们已经来到了一个机器人和算法系统接管了所有工作的未来。因此,只有有效的资源投入才是最重要的。机器人无须在劳动中感到快乐,无须分散精力,也无须考虑自己的劳动及劳动对自己的影响——它只需要被正确地编程。但当涉及人的劳动或与人一起劳动时,例如在护理领域,其他标准也会发挥作用。

四、误区 2:仅作为自我实现的劳动

区别于劳动的经济观念,发展出了第二种观念,特别是自浪漫主义时代以来[2],这种观念在如

---

[1] 或者他们之所以这样做,是因为高收入意味着他们属于被选中的人,其被许诺了彼岸的生活。这是马克斯·韦伯在"新教伦理"中对生产力的观点。这一论点是否站得住脚,如今专家们还有争论。参见 Weber 2013。

[2] 参见例如 Taylor 1989。

今也很普遍：劳动是艺术或智力上的自我实现，是塑造和表达自我的舞台。因此，劳动与自我身份认同密切相关。这种观念在德语国家中尤为普遍。德语的"职业"（Beruf）一词源自"天职或使命"（Berufung），职业被理解为上帝所赋予的社会角色，这也是思想历史遗产的一部分。[1]特别是在决定接受职业培训还是上大学的年轻人都会为这个问题所烦恼：我是谁，我如何才能在"正确的"职业中找到并表达自己？这个问题可能会造成相当大的压力，或许就像通常归咎于父母的愿望一样，即人应该学习"正确的东西"，也就是选择一个首先能带来稳定收入的职业——这符合经济模式。

将劳动视为自我实现的观念也有一个真正的核心：人们无法认同的劳动、与人之间纯粹是功能性关系的劳动，从长远来看都是有问题的。在最无害的情况下，它代表了一种机会的浪费，即在人们从事所谓疏远劳动的时间里，本可以做其他事情。在最坏的情况下，被认为没有意义的劳动可能会导致严重的心理问题，因为这会在自身期望

---

[1] 这一问题在美国与德国之间的文化差异，请参见»Wer sind wir, wenn wir arbeiten? Soziale Identität im Markt bei Smith und Hegel«, Herzog 2011。

与日常劳动的枯燥惯常之间造成紧张,甚至妨碍形成一致的自我形象。

尽管如此,这个观念也留下了许多未解决的问题。究竟有没有这样一个"自我"(Selbst),它可以说像隐藏在我们内心的被子之下,我们必须把它揭示出来?当然,有一些资质和才能是先天遗传或在孩童时后天习得的。但是,我们不正是在与他人的互动中,在我们建立和维护的社会关系中,在我们尝试自己真正喜欢和享受的活动中,才逐渐成长为现在的自己?我们会改变自己,会对周围的世界以及随时间推移所学到的和所经历的事物做出反应。我们往往只有在想要实现"自我"时,在卷起袖子开始行动时,才会发现我们"实现"了什么。

哲学家和心理学家就人类自我的天性及其时间性发展等这类问题并没有达成共识。在此无法解决这些争议,但从更加务实的角度来看,可以说人类是时间性的动物,其利益和需求会发生变化。在某个时间点上看似自我实现的东西,可能后来会变得非常令人失望(或自我欺骗),而最初似乎不太重要的其他因素可能会变得越来越重要。一个人在职业生涯中经历多次中断和改变,这在未来可能是常态而非例外,但这并不一定是一种威

第二章 劳动分工的社会特征：孤胆英雄还是共同创造？

胁——不拘泥于某条人生道路也可能是一种机遇。毕竟，不仅有在"职业倦怠"[1]下产生的、与压力过大和挑战过多有关的问题，也有在"职业长期厌倦"中由无聊和挑战过少引起的心理问题。

但是，自我实现的观念还存在许多更为具体的问题。并非所有社会必要活动都可以借助这个观念加以理解。然而，如果劳动条件合适，这些活动还是可以提供充实的工作生活；相反，有些看起来像是自我实现的劳动在日常生活中却毫无魅力可言。对于其他职业的人来说，作家或音乐家的工作是一种有趣的爱好。但如果他们为了赚钱不得不一天工作8个小时，一周工作5天，情况还会是这样的吗？

最后值得一提的是，这种劳动观念还提出了意识形态滥用的风险问题。那些将自己的劳动视为自我实现的人，准备好工作更长时间，而不仅仅是朝九晚五。对于雇主来说，拥有无薪实习且晚上和周末工作的雇员是非常有利的，某些行业的求职者，如时尚或新闻界，他们对此深有体会。社会学家吕克·博尔坦斯基（Luc Boltanski）和埃夫·基亚佩洛（Ève Chiapello）强调了资本主义如何吸收和

---

[1] 参见例如报纸文章»Gefangen im öden Alltag«，o.V. 2017。

同化他们所谓的"艺术家批评"(Künstlerkritik)。[1]"六八运动"(1968er-Bewegung)[2]之后,资本主义制度经常因留给个人自我实现的自由太少而备受指责。如果一个人刚刚在大学经历了"狂野的60年代",那么在公司工作,甚至是在大公司工作,似乎是他最不愿意做的事情。

但是,这些公司很快意识到可以借此做些事情。它们引入了更多的自由空间(但也赋予了更多责任,使一切都能顺利运作),更时髦的公司设计(但也带来了更大压力,以至于PowerPoint幻灯片的每一个细节都尽善尽美)和现代词汇(其背后往往隐含着完全相同的机制)。博尔坦斯基和基亚佩洛研究了许多管理指南的文本并且从中发现了如下模式:"艺术家批评"在没有改变任何结构的情况下被资本主义吸收。[3]任何按照自我实现模

---

[1] 参见 Boltanski & Chiapello 1999。
[2] 20世纪60年代中后期主要由左翼学生和民权运动共同发起的一次反战、反资本主义、反官僚精英等抗议活动。——译者注
[3] Christoph Bartmann 的《办公室人生——雇员的美丽新世界》(Leben im Büro. Die schöne neue Welt der Angestellten)一书对新的管理方式进行了精彩描述,而这些管理方式归根结底无非是过去十分陈旧的官僚主义。参见 Bartmann 2012; Kunda 1996。

式理解劳动的人,特别是在数字初创公司和经济世界其他"时髦"(hippen)领域的劳动,都应该仔细看看谁会从中受益。

五、共同的劳动

纯粹从经济角度或纯粹将劳动视为自我实现舞台的人,都忽略了问题的一个关键点:劳动的社会特征。这两种观念都完全聚焦于个人及其与劳动的关系。但绝大多数劳动形式都是通过能够为他人提供商品或服务来实现目的和意义的;作为回报,人们自己又从他人的劳动中受益。在护理或教育领域,劳动的社会特征是显而易见的,而且工程师、律师、垃圾清理者和税务顾问也为他人劳动。最后,同样重要的是,典型的在很大程度上由妇女无偿完成的家庭和家务劳动,奠定了共同生活的基础。正如美国哲学家伊丽莎白·安德森(Elizabeth Anderson)所强调的那样,我们的经济体系不是孤单的鲁滨逊·克鲁索(Robinson Crusoe)的自然积累,而是一个集体事物。[1] 如果没有其他人完成各

---

1 参见 Anderson 1999, S.321。

自的任务,谁都无法完成自己的工作。从街道清洁工直至公司的董事领导层都适用于这一链条。

劳动作为社会系统的观念也有其开放的一面,并提供了意识形态夸大的可能性,这可能导致人们剥削自己或被他人剥削。尽管如此,我们迫切需要重新找回对劳动的这种理解。在一个以比赛和竞争为特征的世界中,它强调的是,我们从根本上讲都在同一条船上,应该互相尊重我们每个人所做的贡献。

劳动将我们置于社会环境中:我们通过劳动结识他人,并在劳动分工系统网络中联系在一起。当强调劳动的这一方面时,就会凸显出它的公共性以及政治设计的必要性。在第一章中,我引用了伊莎贝尔·费雷拉斯关于超市女收银员期望的研究:对她们来说,自我实现并不是最重要的,而且她们也不只是为了赚钱。她们工作的积极意义在于社会认可以及走出私人生活,使自己成为对社会有用的人。[1]

如果忽视劳动的社会层面,就有丧失意义(Sinnentleerung)的危险。这样一来,劳动中不再

---

[1] 参见 Ferreras 2007。

含有任何内在的尊严,[1]也不再能够让个人感到自己是社会的宝贵成员并为社会做出了贡献。但是,人们是否这样看待劳动,绝对不只是一个个人态度的问题。至少在很大程度上,我们对工作的印象取决于社会为人们提供的工作类型,以及其是否为每一个能够并愿意劳动的人提供工作。目前,鉴于数字化转型带来的变化,更有必要重新提出这些问题。劳动分工固然有利,但也有弊。

六、数字化劳动分工的问题与潜力

您还记得电影《摩登时代》(*Moderne Zeiten*)中的查理·卓别林(Charlie Chaplin)吗?影片一开始,卓别林扮演的流浪汉在一家工厂的流水线上工作。他跟着机器的运转节奏拧紧螺钉,直到他一时没注意,在试图追上传送带时卡在了齿轮里。很快,他就发现这种劳动方式对自己不利:不久之后,他就疯狂地挥舞着螺丝刀四处狂奔,只见到处都是他必须要拧紧的螺丝。当人们想到劳动分工的阴暗面时,脑海中就可能会浮现这样的画

---

1 参见 Chen 2016,但重点关注劳动世界的失业者和"失败者"。

面。然而,对具体分工**形式**的批评必须与对分工现象**本身**的批评区分开来。

在许多情况下,尽管劳动分工在原则上具有增加社会财富的潜力,但与之相伴的却是相关工人的极度贫困。这通常是因为劳动力过剩,这些人自身不占有生产资料,整个家庭生存完全依赖于雇主,而雇主可以随意压低工资。正如马克思等人所描述的那样,工业化时代实际上把个人变成了机器的附属物。工人,通常还包括他们的子女全然被迫地在如今几乎无法想象的条件下辛苦劳作。但是,即使在工业化之前,无权无势、依赖他人的个人也不一定过得更好,因为他们也无法抵御剥削和微薄工资的侵害。劳动分工问题与此相悖,且其主要取决于劳动的社会组织。因此,问题在于:劳动分工**本身**有什么问题?

18和19世纪的一个经典指责是,劳动分工使人们变得愚钝,使人们的视野变得狭窄。首先提出这一指责的人之一是亚当·斯密。他在《国富论》一书的开篇盛赞了劳动分工。批评的意见隐藏在该书的后几章中。[1]斯密的出发点是:人是由

---

1 参见 Smith 1976 (V.I.), S.178 f。

他所做的事塑造的,无论是身体上还是思想上。随着劳动分工的增加,人们也越来越专业化。在极端情况下,他们终其一生都在重复做同样一件事,比如捶扁大头针,或者像《摩登时代》中的查理·卓别林那样拧紧螺丝。

斯密认为,这使人缺少思想活动的机会。如果人丧失这一习惯,就会变得愚昧无知。这样的人,既不会理智地交谈,也没有"自由、崇高或温柔的情感",当然也不了解重大的社会或政治问题。他们也不适合当兵,因为他们未曾受过身体训练。他们在自己狭小工作中的熟练性是以牺牲力量和耐力为代价的。这是一个暗淡的场景,斯密通常并不一定赞成政府干预,但他认为政府必须对此采取行动。

但幸运的是,在西方世界,这种人沦为机器部件的劳动分工形式已经基本过时,查理·卓别林的拧螺丝工作现在由生产机器人来完成,后者更高效、更精确。这就是数字化转型的巨大潜力所在:得益于智能控制,越来越多的例行工作,尤其是对体力要求很高、高度重复、使工人在短期内筋疲力尽,长此以往则会引起肌肉变形的工作就可以转交给机器来完成。

但是，数字化转型也可能催生出新的不良劳动形式，[1]这看起来就像工业革命时期的倒退：将任务分解成最小的步骤并发布在亚马逊**土耳其机器人**(Mechanical Turk)等数字化平台上，例如图像分类，这是计算机程序迄今为止一直不擅长的工作。作为一种每周花费几小时且时间高度灵活的赚取外快的可能方式，这似乎很诱人，但你能想象整个工作时间都是这样度过的吗？此外，数字化组织的工作[2]可能会使个人感到孤独，因为他们没有同事，而是独自面对笔记本电脑。这就需要政策层面上的一些规制，例如：是否有共享劳动空间的权利？是否有权与同事联系，即使只是在虚拟空间中与他们见面？并非所有人都想要一种有社交的劳动生活，但那些有这种想法的人是否有机会将这个愿望变为现实？

原则上，人与机器以智能方式协同工作的潜力是巨大的。例如，外骨骼是一种直接戴在身体上的机器系统，用于辅助人完成某些活动，如抬起重物。机器不会感到肌肉酸痛，只需要更换磨损

---

[1] 参见例如 Samuels 2018。
[2] 参见 Hickson 2018。

的零件即可。对于它们来说,就算是日复一日,甚至长年累月地重复同一个动作也没什么关系。因此,通过加强智能机器的整合,可以避免劳动分工中的许多问题。

但是,一些理论家认为劳动分工**本身**与人的本性相矛盾。因此,其期望在一个没有阶级的社会中,人们可以自主选择所从事的活动,这样就可能:"今天做这个,明天做那个,上午打猎,下午钓鱼,晚上放牛,饭后批评,随心所欲而无需成为猎人、渔夫、牧人或批评家。"[1] 也即,资本主义的劳动分工仅是外部强制的结果。如果人们在经济上是自由的,并且能够自己做决定,那么他们就不会只从事一种工作,而是在不同的工作之间来回切换。

但事实果真如此吗?如果我们确实有选择的话,我们会选择把差异最大的工作结合起来吗?只有当我们生活在工作的经济强迫性大大降低的条件下,才能真正找出答案,而我们距此还很遥远。难道不可以想象,有人愿意整天放牛,此外享受着自己的休闲时光,而不当一名批评家吗?即使在没有强迫的情况下,难道不会因为人们希望

---

[1] 参见 Marx 1990, S.33。

如此而出现专业化吗?

作为社会学创始人之一的法国人埃米尔·杜尔凯姆(Émile Durkheim,1858—1917),属于最早一批不仅从经济学角度,而且从社会理论角度研究劳动分工现象的人。他对斯密、马克思以及许多其他学者对劳动分工提出的批评持怀疑态度。他承认,许多产业创造的工作岗位确实把人变成了没有思想的异化机器。[1]但是,他认为这是资本与劳动之间的关系没有得到调节,双方没有充分意识到彼此之间相互依存关系时出现的特殊情况。实际上,杜尔凯姆认为劳动分工总是带来新的挑战,从而为思想活动带来机会。通常情况下,在执行每项专门的职能时,个人并不完全将自己封闭在内,而是与相邻的职能保持经常的联系,了解其需求以及发生的改变等。[2] 劳动分工的前提是,工人不能只忙于自己的任务,还应兼顾与自己相互影响的同事。

杜尔凯姆使用了人体协同工作的器官进行比喻。他关于自发产生的"和谐"劳动分工的描绘似

---

[1] 参见 Durkheim 1977,S.439 ff。
[2] 参见上书,S.442。

乎太过田园诗般祥和了,在这种分工中,每个个体不断地相互协调。但尽管如此,其仍切中真正的实质:劳动分工需要协调,而且当各个个体知道整体的意图以及如何为之做出贡献时,分工就能更好地发挥作用。这通常会产生一些具有挑战性的问题,对此需要个人的想象力和创造力,并且非常需要沟通交流。这样就不必担心会产生愚化效应了。

杜尔凯姆希望,在一个个体被赋予"足够的行动空间"以使各职能有效协调的社会中,各个劳动者的一体化会自动发生。[1]为此,必须使所有社会成员都有机会在分工体系中找到适合其才能的位置。这样,他们就会通过意识到其他个体也在完成重要的任务并且所有人都是相互依赖的而团结起来。如果这行之有效,如果不公正、权力(权利)不平等和强迫等扭曲因素被排除在制度之外,那么就没有理由认为劳动分工是有害或不人道的。杜尔凯姆认为,专注于某一特定领域并深入钻研,可以说是"符合人性逻辑"的发展方式。[2]不同的个

---

1 参见 Durkheim 1977, S.448。
2 参见上书, S.473。

性可以通过劳动分工得到发展,同时也可以通过相互依赖的意识来实现"人类兄弟般的理想"。[1]

新技术并非从数字化转型开始才是复杂劳动分工结构的一部分。人们总是利用物质环境来弥补自己的不足,[2]比如用一块木头在陶罐上刻凿图案,又如利用高度复杂的激光来测量修路的地形。如果将技术智能地融入劳动分工中,它就可以取代那些不人性化的工作,从而使人们的注意力主要集中在专门需要人类技能的工作步骤上。

但是,这种情况并不是自动发生的,而是在很大程度上取决于政治和经济框架条件。如果人力廉价,而人的福利不受法律保护,那么企业为什么要费力使用技术来改善劳动呢?在世界上太多的地方,这迄今为止仍是劳动世界中最大的问题之一:问题不在于制造机器人或算法程序,而恰恰在于缺乏最基本的技术支持。无论是刚果的钶钽铁矿开采、西非海岸的电子废物回收利用,还是中美

---

[1] 参见 Durkheim 1977, S.477。
[2] 阿诺德·盖伦(Arnold Gehlen)在《人,他的本性及在世界上的地位》(*Seine Natur und seine Stellung in der Welt*)一书中的经典论点是:人类是一种有缺陷的存在,而人类利用技术来克服这些缺陷。参见 Gehlen 1940。

洲的咖啡种植,都经常缺乏技术设备。而正是这一事实使得劳动的许多形式如此不人道。

这与德国和其他高度工业化国家所面临的机器人化和数字化转型的挑战形成了极具反差的对比。当然,这里也涉及政治框架条件的问题:技术系统仅仅是为了提高效率,还是也为了改善劳动?人类的劳动是根据其社会特性来塑造的吗?因为这正是我们必须要做的事情:进一步开发技术与拥有不同技能和兴趣的人之间的互补可能性,以尽可能减少劳动分工的阴暗面,并且将劳动中那些**使其变得优质**的方面发挥出来。

具体情况主要取决于所涉及的劳动类型。这就是为什么劳动者必须参与新技术交互设计,他们最能判断自己的劳动是辛苦的还是有意义的,是令人讨厌的还是令人满意的。但是,无论在任何领域都有一点可以断定:凡是涉及人际互动的地方,虽然机器可以为人提供支持,但永远无法替代人。例如,如果照顾老人或病人的工作完全由机器人接管,那将是一场噩梦。但是,如果机器人减轻了护理人员繁重的日常工作,从而使他们有更多的时间与患者进行社交沟通,则对双方都大有裨益。至于出现哪种情况,这不是一个技术问题,而是一个政治设计和社会准备把钱花在哪些方面的问题。

实事求是地讲,人们必须假设,那些被视为充实和令人满意的工作也将在数字化转型的过程中消失。不过,这些不再为市场所需要或仅在小众领域为爱好者所需要的活动,仍有可能以社会组织的休闲活动形式继续存在。这一历史模式并不新鲜:如今,许多形式的手工劳动虽不再具有经济价值,但人们仍然热衷于从事。刚好数字通信正在创造新的联系:如今,想找复杂的编织图案或旋转门柜(Drehtürschrank)制作说明的人,在互联网上就会立刻找到答案,并且可以在互联网上认识其他的手工制作爱好者。因此,几百年的文化技艺可能完全失传的可怖情景似乎有些夸张。

在最有利的情况下,新技术的使用将减少经济上的必要劳动时间,为其他活动留下更多的时间,包括从事这些爱好。然而,这种有利的情况**是否**发生,以及它对**谁**有利,又不是自然而然的。数字化所带来的时间增益不会在所有人口群体中平均分配,这需要政治构建意愿的介入。

减少劳动时间的梦想早已有之。早在1930年,英国经济学家约翰·梅纳德·凯恩斯(John

Maynard Keynes,1883—1946)在一次演讲中就曾描述过这样一种愿景,即有朝一日他的听众的孙辈们每周只需劳动15个小时。[1]最近,这个话题再次出现在公众讨论中,例如,有关公司实验每周工作4天[2]的报道,或有关家庭和事业兼顾的报道。在德国,许多全职工作者想减少工作时间;但许多兼职工作者则希望增加工作时间。[3]如果能够使用智能软件对劳动时间进行相应的调整,那么原则上可以为各方服务。然而,特别是在美国已经广泛使用的分配劳动时间的软件程序,通常不是"社会性"地投入应用的——笔者稍后会再谈此类例子。

德国工会开始将劳动时间——包括劳动时间的维护及使用的灵活性,重新提上集体谈判议程,这是一个重要的方向性决定。因为,将生产率的提高(未来可能会更高)不仅转化为金钱,也转化为时间,是有意义的。不仅如此,这还是一个所有

---

[1] 参见 Keynes 1963。
[2] 参见例如 Wlada Kolosowa 对 Helen Delaney 就 Perpetual Guardian 公司的采访"每周工作4天有助于性别平等",参见 Delaney 2018。
[3] 参见例如 Astheimer 2017。

社会成员参与其中的社会公正问题。[1]例如，必须在所有行业中实施最长劳动时间和最短休息时间的规定，包括那些"数字化"程度最高、由算法划分劳动班次的行业。

七、劳动分工的困境以及为什么吹哨人是我们时代的英雄

人类劳动是社会劳动，正是这种社会性，而非大公司高层个人臆想的创造力造就了高生产率。分工本身并不一定是有问题的，它可以使劳动形式变得极为丰富，因为它允许人们深入参与某个特定的领域，并发展和使用专门的技能。此外，由于分工劳动必须始终与他人的劳动进行协调，它也创造了新的社交互动形式。我们越多地将体力或精神消耗大的例行工作委派给机器人和算法，就越能专注于劳动中人的方面。

劳动分工难道就没有阴暗面吗？当然有。它催生了另一种反抗型英雄：吹哨人。因为当前的

---

[1] 有关作为公正客体的业余时间，特别参阅 Julie Rose 的 *Free Time* (Rose 2016)。

劳动分工体系很难一眼看透,并且将来可能会变得更为复杂。通常只有少数业内人士才知道某个专业领域中真正发生了什么。非专业人员几乎无法控制专业人员,[1]而且"专业人员"绝不仅仅是指专家,也可以是指针对某个公司或机构特点的专业人员,或者是针对某种劳动形式在当地条件下进行的专业人员。

这一事实使劳动分工体系容易受到害群之马的影响:一些个人或团体没有与其他工作步骤功能性关联地完成计划任务。这可能是因为马虎、懒惰,甚至是犯罪心理,或者仅仅是想要完成某些狭隘理解的目标,而没有考虑更广泛的后果,例如大众汽车柴油门事件就属于这种情况。大众汽车的工程师希望遵守法定的排放值,但是他们**故意**(Absicht)忽略了法律背后的意图是确保更好的空气质量。他们遵守了纸面上的规范,但采取了不道德的、非法的并且最终适得其反的方式,因为从长远来看,这对公司造成了巨大的损失,更别提那些污浊空气对人们造成的伤害了。这是分工劳动的隐患之一:它容易让人从非常片面和局部的角

---

[1] 参见 O'Neill 2002。

度看问题。人们致力于完成复杂的分工流程链中的一个小步骤,因此难免可能会忽略整体,有些人为了实现短期目标,不择手段,故意无视全局,也就不足为奇了。

当事情出了问题,例如在互联网上对个人进行大规模、无关乎嫌疑的监视,或者在军事行动中完全忽略了对平民的保护,如果有吹哨人将丑闻曝光,那是件好事。批评家们可能会提出异议,他们应该首先使用内部渠道解决问题,但这通常是不够的。很少有吹哨人会立即向公众公开他们的担忧,这是因为他们知道这样做会对自身造成严重的后果。尽管如此,他们中的一些人依然愿意面对这些后果,这一点值得尊敬。如果说有什么当代英雄的话,非他们莫属!

个人的行为有可能在某一时刻成为吹哨人所曝光的对象,这一可能性具有不可低估的预防作用。如果没有它,破坏活动、滥用权力甚至掩盖错误的情况可能会比现在频繁得多。

新的数字技术使揭露丑闻变得更加容易。例如,1971年,丹尼尔·艾尔斯伯格(Daniel Ellsberg)及其团队为了公开《五角大楼文件》曾经面临一项巨大的物流挑战,即将文件从大楼中偷运出来,复制并提供给记者。[1]如今,仅需一个U盘就解决问题了。当然,有关组织也意识到了这一点,并相应地加强了安全措施。

然而,希望新技术带来某种变化似乎是有道理的。因为随着技术可能性的提高,人们对透明度和"问责制"(Accountability)的期望也在增加。当然也不能盲目乐观,虚假指控、肮脏交易和在线诽谤(Online-Rufmorde)等手段层出不穷。但是,就其高度专业化的劳动分工体系中存在的多种滥用机会而言,这种变化具有很大的积极潜力。一些几年前几乎未被揭露的肮脏交易现如今可能根本无法实现,因为所有参与者都清楚,一封被"错误"的人阅读的电子邮件就足以揭露他们所不希望发生的事情。

我们不能只关心下一个天才在哪里,即在创造性破坏行动中发明一种开创性商业新模式的人,而需要对个人所能做的事有一个现实的认识,那就是,单凭个人的力量,几乎什么也做不了!但是,这并不意味着个人就不再作数了;正相反,他们的作用对于确保我们的劳动分工体系不被滥用和滋生腐败来说至关重要。该体系因为高度的专

---

[1] 参见例如 Eric Lichtblau 2018。

业化往往很难甚至无法进行控制。如果将劳动分工理解为一项人人参与、人人受益的社会工程,并且如果有足够多的人感到对其成功负有责任的话,那么劳动分工就成功了。

我们扪心自问,在当今时代,谁值得庆贺、谁值得公众关注、谁可以被视为楷模？这就是我们应该关注的方向：是谁在确保我们复杂的劳动分工体系不偏离法律和道德的轨道？谁会冒着牺牲个人利益的风险把事情公之于众？不一定非得是举世瞩目的揭发大案；许多"小型"案件也同样重要,其中当事人致力于让事情顺利进行——尽管掩盖马虎或自私的不当行为是如此容易。

毕竟,这也是劳动社会特征的一个方面：劳动世界不是一个技术性的"系统",它提出了人际关系和道德问题,在这些问题上,个人必须表明自己的立场并且必须独自或与他人一起坚守自己的信念。这是机器人和算法在将来也无法接管的任务,如果人们仅仅把自己或他人理解为"系统中的齿轮",那将是致命的。在我们劳动分工的网络中,机器应该合理地承担哪些任务,哪些事情从根本上说是人类做的,即机器是不能够也不允许做的——未来的决定性斗争将围绕于此。

第三章

非自然力所为,政治使命使然:
为什么我们必须构建数字化的
劳动世界?

您知道某个复杂问题突然自行迎刃而解时的那种感觉吗？那种既难以置信——这简直好得不像真的，又如释重负的感觉，因为一直耿耿于怀的问题就这样凭空消解了。虽然这种情况并不多见，但在数字化转型过程中，却经常会遇到这种模式——欣慰中夹杂着一丝难以置信。突然之间，所有问题似乎都可以迎刃而解：人口结构的变化（如果可以雇用机器人来替代人的话）、德国工业的竞争力（如果数字化的速度足够快的话），甚至是社会融合（如果邻居们在平台上联网的话），等等。

当然，也有一些人看不到解决办法，而只看到新的问题。但即使是他们不受人重视的灾难警告（Kassandrarufe），听起来也相当无奈和被动，就好像悲观主义者和乐观主义者都认为，我们正在目睹像命运一样降临到我们头上的进程，而我们却不能或不必做什么。

这些事物以某种方式自我调节，所有一切都遵循更高阶的逻辑，人们无法作为，因此个人和政客都可以摆脱责任——这种逻辑听起来并不陌生。早在数字化变革之前,人们就说"市场"是由"看不见的手"调节的,即无须政治干预,会自动为公共利益服务。最晚在2008年,人们就从这种幻想中幡然醒悟。毕竟,市场不会自我调节,更不会为所有人带来福祉。情况恰恰相反:当投机泡沫破裂时,往往会对那些承担最少责任的人造成极其严重的打击。

在此期间,市场自我调节的表象具有欺骗性的说法已经传开。2008年全球金融危机和随后的欧元危机的长期影响至今仍困扰着我们。那些不动声色引用"看不见的手"的人,如今经常遭遇逆风(Gegenwind,如果该比喻的提出者亚当·斯密知道后人如此发挥和骇人听闻地滥用这一概念时,一定会气得从坟墓里跳出来)。然而,人们对数字化转型也存在类似的态度:通常认为它是依据一种更高逻辑发生的事情。有人欢呼,有人抱怨,但是两个阵营都一致认为,人们做不了什么。

这个假设是危险的,它将适应和个人利益作为唯一的行动选择搁置了——这种现代犬儒主义的态度最终导致个人不再思考他们在劳动生活中究竟在做什么,以及他们究竟应承担什么责任。

在汤姆·沃尔夫(Tom Wolfe)的小说《虚荣的

篝火》(*Fege feuer der Eitelkeiten*)中有一个著名场景,是对这种态度最好的概括。在小说中,投资银行家谢尔曼·麦考伊(Sherman McCoy)的小女儿问她父亲的职业是做什么的。她朋友的父亲是"做"书的,那他这个投资银行家是"做"什么的呢?麦考伊回答说,他是做债券交易的,这些债券给人们提供资金来修建高速公路或医院。女儿认为高速公路和医院很棒,但父亲必须承认他并没有直接参与修建它们。他的妻子跳出来为他辩护说,这就好比切蛋糕,每次都会留一些碎屑;蛋糕切分得越多,掉下的碎屑也就会越多。麦考伊对这一解释感到愤怒,天哪,碎屑!最后,他们的女儿开始哭泣,麦考伊烦躁地为自己倒了一杯马提尼。[1]

在此,沃尔夫塑造了一个在某种程度上剥夺了自我行为能力的角色。麦考伊无法真正解释自己究竟是如何赚钱的,以及自己的活动怎样在一种更大的关系中分类。对于那些决定自己行为的过程,他从不刨根问底,就好像都是上帝赋予的一样。

沃尔夫的这本小说出版于 1987 年,正值人们

---

[1] 参见 Tom Wolfe 1987 (Kap.10), S.234–238。

深信自由金融市场的高峰期。如今,人们可以讲述另一行业的类似场景:主人公将不再是一名投资银行家,而是在一家数字化初创公司工作。该初创公司做的是"颠覆性"的事,据说正因此而能服务于社会。与过去的金融界一样,在自诩为数字化转型先驱的部分场景中,有种感觉占据上风,即一切都是理所当然的,只管一起去做,无须对自己的行为进行真正的论证或分类。因为人们遵循的是一种自然的过程,一种个人无论如何都无法控制的过程。

当人们清楚这些过程在多少地方、在哪些层面上实际是由人来控制时,就会明白这种想法多么具有误导性。首先,当然是作为市场的介入者参与推动新技术发展的人;其次,也包括制定市场框架的政治家们;最后,是那些在人们劳动的组织中身居高位的人。在这些地方聚集着构建的力量,以及与之相伴的责任,即与沃尔夫所描述的安逸的犬儒主义形成直接对比的责任。

在本章中,笔者想讨论的是,数字化劳动过程的控制存在哪些层面,换句话说,在政治和企业中,有哪些"看得见的手"在其中存在构建的真正可能性。

一、乐观主义者、悲观主义者和现实主义者

数字化转型过程以某种方式自动运行,不需要人为干预,也不可能或没必要进行控制。该说法有两种观念:一种是乐观的,一种是悲观的。

对于乐观主义者来说,数字技术将解决社会数百年以来一直伤脑筋的所有问题。物质匮乏?机器人将大量生产一切。政治冲突?数字网络将把民主和人权带到地球上的最后一个角落;想一想所谓的"阿拉伯之春"[1]开始时人们对社交媒体作用的热情就知道了。贫穷?多亏智能手机,人们可以在任何地方成为"微型企业家"(Micro-Entrepreneurs),并摆脱困境。夸张地讲,对于这些技术乐观主义者来说,没有什么是不可以通过适当的手机应用程序(App)解决的。事实上,数字化创新也可以服务于不那么高尚甚至是犯罪的目的,但在这一观念中,人们很少考虑到意外后果。例如,在社交媒体中,不仅是消息报道,假新闻也能找到沃土。

---

[1] 2010—2012 年在阿拉伯国家爆发的一系列政治变革和社会运动。——译者注

有关数字化转型自动和自发过程的悲观论调,遵循的是同样的必然性逻辑,但却转向消极解读。按照这种说法,其**势必**造成工作岗位的大规模消亡,我们只能成为全球互联网巨头公司的傀儡,并且民主**自然**也将必须以此为信仰。我们所能做的就是眼睁睁看着世界燃烧,或许在那之前,我们可以尝试过一段还算不错的日子。

很少有人像我在这里描述的那样明确地主张如上立场。这也难怪,它们的宿命论看起来的确相当朴素。然而,作为一种潜意识的假设,它们是普遍存在的,并产生了深远的影响——它们为整个世界观提供了基调。我们可以从尤瓦尔·赫拉利(Yuval Noah Harari)的《未来简史》(*Homo Deus*)一书中找到总体上相当悲观的宿命论例证。尽管赫拉利敷衍地将自己和宿命论的世界观拉开了距离,并且将此书描述为"改变未来的邀请"(Einladung),但书的总体基调无疑还是悲观的。例如,他将人类失去对某些技术的控制描绘成几乎不可避免的事情。[1]

这种说法之所以如此有效,也许还因为它们

---

[1] 参见 Harari 2017, S.28。

与深植于西方思想史中的哲学思考有关。我们想象造物主上帝创建了一个秩序井然的宇宙,事物总是以某种方式向好的方向发展,即便我们这些洞察力有限的小人物只能看到混乱和痛苦。[1]根据这一观念,更高级的力量在幕后工作,明智而仁慈地指导着一切进程。该观念通过17和18世纪的启蒙运动者进入了经济学,即亚当·斯密的市场之"看不见的手"将自利的行为者变成了共同利益的推动者。最终,其只能在由善良的上帝仁慈地塑造的宇宙秩序的思想背景下才能得以理解。后来,这一思想也出现在黑格尔有关"世界精神"(Weltgeist)与"历史中的理性"(Vernunft in der Geschichte)[2]的论述中,即人类尽管遭受战争和苦难折磨,但终将不可阻挡地走向更加美好的未来。

与悲观主义立场平行的是一种衰落世界的思想。在这个世界中,人类的任何努力,无论多么高

---

[1] 参见 Smith 1976 (IV.II.IX);参见 Herzog 2013 (Kap.II)。
[2] 特别参见黑格尔的《历史哲学讲演录》(*Vorlesungen über die Philosophie der Geschichte*)。然而,这种解读是否反映了黑格尔的意图,或者他是否认为人类个体扮演着更为积极的角色,这一点并不清楚。参见 Hegel 1986。

尚,都无法改变事件的既定进程。这种思维模式在经济领域内特别相关的一个版本是对马克思主义理论的某种解读,即资本主义具有不可阻挡的动力,通过不断加剧的危机导致其自我毁灭;[1]同时承诺,一旦资本主义崩溃了,那么一个基于完全不同经济体制的、更美好的社会就会随之而来。然而,在此之前,从论战的角度来说,我们只能静观其变。

或许,在技术变革的时代,这些长期以来人们认为已经死亡的幽灵又复活了。它们或者以乌托邦的形式出现,未来的世世代代都将快乐地摆脱繁重的工作,乘坐"飞的"(Flugtaxis)在全自动化的房屋、机器人工厂和虚拟的娱乐世界之间来回穿梭;或者以《机器人启示录》(Robocalypsen)和计算机变成怪物的反乌托邦式出现,有血有肉的人类只不过是原材料罢了。

在此,人们经常使用进化发展的说辞,包括自然选择的思想和适应"压力"。但这是一种将自然科学方法极其错误地引入社会领域的做法。达尔

---

[1] 最近,所谓的加速主义者支持资本主义发展不可避免地走向灭亡的思维模式。参见例如德意志广播电视台上的一篇访谈(Drees 2015)。

文的理论不包含任何价值评判,也就是说,它描述的是物种间的相互作用是如何发生的,并没有断言事情会变得更好还是更坏。但是,在引入新技术发展时,这些描述往往带有潜意识的价值判断,即有些行为模式获得赞誉,而有些遭到谴责。这并不是特别地一致,因为在达尔文的丛林中,没有人会有意识地行动,也没有人会讨论**应该**如何行动。

如果我们在思考数字化转型时,不诉诸"看不见的手"或看不见的"世界精神",也不对自然发展所必需的过程抱有宿命论的幻想,就会出现许多新问题。毋庸置疑,技术发展能够产生自身动力,例如,为某个特定领域开发的技术被证明也可以运用于其他领域。但这并没有说明如何控制这些发展——什么是允许的,什么又是遭到禁止的?什么进行市场化,什么遭到忽略?以及法律规范将责任赋予谁和不赋予谁?无论是乐观主义还是悲观主义的宿命论,都没有为回答如何应对新的发展这一问题提供方向。当宿命论变成自我实现时,它是最危险的:基于"什么也做不了"的假设,没有人去做什么,这看起来就好像人类的行为确实无法影响这些发展一般。

每当有些事情被描绘成不可避免时,都有必要问一问谁从这种描绘中受益。如果就顺其自然,谁能从中受益,谁又会吃亏?乐观的声音通常来自互联网初创企业和硅谷(以及所有其他想模仿硅谷的"谷"),这绝非偶然。如果这些参与者被视为所有问题的解决者,这就变得非常容易,即法规、限制甚至仅仅是怀疑,都是通向美好未来道路上的恶意障碍。相反,悲观主义者则通常来自其他阵营。他们心怀共同利益,或者至少他们是这样宣称的。他们的宿命论使其有成为盲目乐观主义者帮凶的风险,这几乎已经是一种悲剧性的讽刺。

"看不见的手"无论好坏都不存在。存在能够发挥一定自身动力的技术发展过程,但也存在一双看得见的、人类的手,能够对其自身动力进行干预。最重要的干预涉及两个层面,数字化转型的路线已在这两个层面上确定下来:一是市场框架的设计;二是组织层面上劳动世界的设计。

二、市场的设计与政治的作用

在 2008 年全球金融危机爆发之前的几年中,

市场会自行促进共同利益的观点还在德国广为流传,事实上这有些匪夷所思。因为德国有一个传统,其数十年来代表了一种更为现实的图景:秩序自由主义(Ordoliberalismus)[1]。与盎格鲁-撒克逊区域广泛存在的其他自由主义流派一样,秩序自由主义也坚持认为市场在现代社会的经济生活中发挥着重要的作用。然而,与之不同的是,它强调国家必须为此制定一个明确的框架。为了做到这一点,社会民主传统思想中所谓的"政治高于经济"[2]的观点必须占上风,这也是秩序自由主义的前提:民主政治必须有权制定经济生活的框架,而不仅仅是让自己受经济利益的驱使。

与此同时,公众逐渐意识到,只有在明智的监管政策的引导下,市场才能造福于社会。但是,重要建议的实施还有很长的路要走。我们仍然没有对金融市场交易征收"托宾税"(Tobin-Steuer),这种税收会给金融市场的"车轮中掺些砂子"(Sand ins Getriebe)[3]以遏制投机。金融市场仍将重点放

---

[1] 参见 Walther Eucken 的核心著作 *Grundsätze der Wirtschaftspolitik* (Eucken 1952)。
[2] 参见 Berman 2006。
[3] 参见 Tobin 1979, S.153 – 159。

在短期利润上,这给许多公司施加了压力,使其也以短期数据为导向。尽管通过改变报告期或税收激励措施可以促进更长期导向的、与此同时与共同利益更为一致的经济。即使在亏损的年份,金融机构仍会发放骇人听闻的奖金。即使人们可以就建议的细节进行争论,但金融危机以来人们相对较少作为,这并没有很好地反映出政治执行监管政策框架,以抵制某些行业短期利益的能力和意愿。

在构建市场框架时,其逻辑必须与在市场内部进行交易时不同。在市场内部,追求自身利益是合法的——在一定范围内,但绝不仅限于适用法律的范围。当市场得到良好的监管,其竞争活力可以使客户以公平的价格获得优质的产品,而不会污染环境或剥削工人。然而,正因如此,在政治层面上,必须以民主共同利益导向的逻辑为主导,以独立机构对形式的评估为基础。例如,在监管市场涉及环境污染的问题时,政治家们不应听取相关公司的游说,而应听取中立鉴定人的意见。因为在政治层面上,肯定没有一只"看不见的手",能够在没有人类个体积极参与的情况下,以某种方式使一切都达到最佳效果。

换句话说，构建市场的"手"就是议会的成员。他们作为人民的代表，对法律规范进行投票。选举他们，或以不投票威胁他们的是公民；而主持正义并确保民主决定的规则得到遵守的是法官。他们有责任以与其职务相匹配的方式履行职责——即使作为人，他们有可能受到腐败的影响，如承诺在其任期结束后提供竞选捐款或担任有利可图的职位。

这里出现的问题很容易理解，但却极具爆炸性。资本主义的经济形式产生了经济不平等：无论是由于个人成就还是运气，无论如何最终总有一些人比其他人拥有更多的钱财。但是，政治和法律框架必须确保所有人的平等权利。如果该框架被扭曲，有利于那些拥有更多钱财的人——不管是因为他们通过游说影响了政治，还是因为他们请得起更好的律师，那么制度就会向有利于他们的方向转变。因此，这使得他们更容易赚取**更多**的钱，从而可以施加**更多**的政治影响，并扭曲更多的规则，使之对他们有利。[1]这是一个自我强化的过程，它进一步加剧了我们社会中的不平等，并

---

1 来自美国的可怕案例，参见例如 Reich 2015。

使市场越来越少地为所有人谋福利,反而越来越有利于那些本已处于最高位的人。

这种发展是否如有些人认为的那样不可避免?允许自由市场的社会是否迟早会不可避免地陷入封建关系中,最终摧毁市场本身?正如经济史学家巴斯·范·巴维尔(Bas van Bavel)所强调的,过去的情况往往如此。[1]但这是否意味着当前正在进行的历史实验,即自由市场和民主政体的结合,也必须这样结束?或者范·巴维尔的立场本身就是上述问题的一部分?因为它与其宿命论让不作为合法化,而正是这种不作为使那些有问题的过程成为可能。

这些关于构建可能性的问题也在运用新数字技术的市场中出现。在许多情况下,此类技术旨在更好地处理信息,从而实现效率提高。这也总涉及分配问题:谁会受益,哪些群体可能会受到哪些副作用的影响?对劳动世界有直接影响的一个例子是公司中的时间管理技术。**调度软件**(Scheduling software)可以借助数据分析来预测什么时间段特别需要更多员工。对公司来说,这提供了一个诱

---

[1] 参见 Bavel 2016。

人的机会,即不再需要为员工提供固定的工作时间段,而是让他们"随叫随到"。这让公司节省了成本,但也为员工带来了致命的后果,因为他们根本无法合理地安排自己的生活。因此,美国的一些州已通过了相关的法律规范,规定公司必须至少提前7天通知员工轮班情况,而其他州仍由雇主自行决定此类事宜。[1]

人们还可以设想禁令以外的其他解决办法。例如,部分雇员可以同意签订这样的合同,即他们确实为"随叫随到"的工作性质,但可以得到高得多的薪水,类似于德国已有的夜间或周末补贴(但尚不清楚的是,公司是否还会热衷于提供此类合同,这大概只有在这种灵活性的确能给公司带来高额的额外利润时才会发生)。如何应对这类技术创新并不是自然发生的,而是存在管理和制裁的可能性。例如,雇员是否需要持续"在线"[2],或者是否有法定的休息时间? 是否会如英国那样允

---

[1] 关于轮班工作另请参见本书第六章。
[2] 根据《2016 年德国工作时间报告》(*Arbeitszeitreport Deutschland 2016*),目前预计有20%的员工需要随时待命,参见《2018 年德国契约网络》(*Compact Netzwerk Deutschland 2018*),第 7 页。

许所谓的"零时工合同"(zero hour contracts),没有固定的小时数,因此也没有可预期的收入,还是只在严格的条件下才允许,或根本就不允许这样做?还有,在这种条件下的劳动者的社会保障措施又会是怎样的呢?

未来在市场框架设计方面会出现法律和政治斗争的另一个领域是使用算法来分配工作。[1]假设一位人事部门员工(HR)必须从几十个甚至几百个应聘者的申请材料中挑选出一小部分人来参加面试。心理学研究表明,人们在做这类选择时会受到大量无意识因素的影响,即所谓的**偏见**。例如,这位 HR 在为工程师这个职位选择雇员时,可能会受到工程师都是年轻、运动型的白人男性这一观念的引导。其并非有意识地歧视女性、非白人或年龄较大的求职者,但在评估简历时,可能会不自觉地比对符合刻板印象的求职者更加严苛。如果求职者与 HR 来自同一城市,或者用了一种手感特别好的信笺,或许这位 HR 也会更慷慨一些;或者,HR 在上午阅读求职简历时,是充满朝气与活力的,而在快下班时看简历,热情就要大打折扣了。

---

[1] 参见下文 Eubanks 2017 和 O'Neil 2018。

聪明的软件开发者承诺可以解决这个问题,[1]而且在德国的公开辩论中,人们也听到许多有关这些新可能性的积极信息。如果算法代替员工来做决定,人类的易错性和下意识歧视将得以排除。某些因素可以定义为硬性排除标准,而其他因素则可以在复杂的排名中加以权衡。此外,可以引入自我学习的程序,评估以往求职者的数据并使其能够识别模型。例如,这样可以检验大学文凭与员工绩效之间是否确实存在可验证的关联。

最初对此类程序所寄予的厚望[2]并没有实现:算法非但没有发现被忽视的人才和克服微小的偏见,反而因为其本身往往依赖于人为因素,结果导致算法决策的偏见不亚于人类决策。例如,如果基础数据本身已经因为某些群体在过去受到歧视而被扭曲,那么问题就会重复出现。例如,结果可能是男性在上网时比女性更经常看到高级职位的招聘广告。[3]数据错误或对不同群体数据收集的不均衡也会导致数据失真。即使种族、性别或年龄

---

1 参见例如 Bernd Kramer 对经济信息学研究者 Tim Weitzel 的采访(Weitzel 2018)。
2 参见例如 Barocas & Selbst 2016;Kim 2017。
3 参见 Carpenter 2015。

等因素已被明确排除在外,程序也可能通过邮政编码或职业履历中断等其他因素识别出不同群体的成员,并对他们区别对待。最终导致:程序越复杂,即使是专业人士也越难理解它们为什么会做出某些决定。这样一来,那些受影响的求职者就不可能知道自己**为什么**没有收到面试的邀请——提高透明度的承诺已然化为泡影。

是否可以以及如何使用这种算法是一个法律框架的问题,在此对它的设计是困难的。现行的反歧视法很难应对这种新现象。[1]因为人们不能假定存在歧视**意图**;算法搜索的只是与完成预定任务相关的特征。除此之外,识别系统模型通常也很困难;每一位求职者获得的也不过只是自己被拒绝或被接受的信息。例如,一项非政府组织的调查研究,可以识别出一种模型,那么问题就来了,是否可以让有关公司公开所使用的算法。企业通常会推说这是其商业机密,担心被竞争对手复制而不愿公开。

这就是立法机构面临的难题所在。专家们正当要求为算法制定安全预防措施和标准,就像过

---

1 参见 Barocas & Selbst 2016; Kim 2017。

去对待其他技术一样。[1]否则,在客观性和技术中立性的幌子下,就将出现旧的不公正延续、新的不公正增加的情况。美国技术专家凯茜·奥尼尔(Cathy O'Neil)称这类程序为"数学杀伤性武器"(Weapons of Math Destruction)。[2]因为它们能够在所谓技术进步的幌子下造成巨大的社会破坏,在美国已经造成了部分破坏。与许多其他人一样,她也得出结论,此处需要法律标准。[3]

最近,随着出租车替代服务优步(Uber)的出现,一个挑战引发了公众舆论,那就是在数字化的劳动世界中,并非所有看起来像公司的,按照法律条文也是一家公司。优步和许多其他平台试图逃避对员工的义务,于是声称自己不是雇主,只是市场参与者之间签订合同的平台。这是一着相当容易被识破的着数,因为许多优步的司机专门为该公司工作,并且实际上扮演的也是雇员的角色。在发生重大金融危机之前,银行业也曾采取类似的法律手段来应对或规避监管。为了逃避银行业

---

[1] 参见 Campolo et al. 2017。
[2] 参见 O'Neil 2018。
[3] 参见例如 Beschorner & Kolmar 2018。两位作者呼吁将数字技术视为需要政府批准的风险技术。

监管,许多公司(通常是正规银行的分拆公司)都扮作非银行。一位美国评论员当时写道:如果它像公司一样运作,像公司一样叫嚣,那么它就应该像公司一样被对待。[1]

数字市场设计的另一个因素是,其通常根本不是传统意义上众多供应商和需求方之间相互作用的"市场",而是有形成垄断趋势的网络。脸书的有趣之处就在于,人们在那里可以遇见如此庞大的群体——如果每个子群体或不同国家都有完全不同的脸书,那就不太吸引人了。从供应方来看,如果有一个大型平台可以供世界各地的用户使用,效率也会更高,因为这个软件一旦开发出来,无须付出额外成本就可以供更多的用户使用。在数字世界的许多其他经济模型中,也可以找到类似的网络或规模效应(或两者兼而有之):在起步阶段,由于它想迅速征服一个庞大的市场,[2]因此存在巨大的竞争压力;可一旦获得成功,它通常可以相当轻易地捍卫自己的垄断地位。如此一来,新的供应商就很难再进入这个市场了。

---

1 参见 Lomansky 2011, S.158。
2 参见例如 Kulwin 2018。

在经济学家中，如何从监管角度处理这一现象存在争议。一种广为流传的理论认为，如果网络公司独占鳌头，它们也会继续致力于效率的提升，因为它们时刻意识到其他公司可能会效仿并取代它们。的确，像脸书这样的公司就一直在不断进行创新实验。然而，它们也采用了竞争对手公司开发的许多创意，或立刻全部买下这些创意，以防止用户大规模地迁移到另一个社交网络。[1]如果这种做法得到了反垄断机构和监管机构的允许，那么产生市场权力也就不足为奇了。激进的批评家主张将此类公司转变为公共企业（öffentliche Unternehmen），因为它们提供的商品具有公共基础设施的性质。[2]笔者将在第五章提出另一种观点，即公司的民主化，但这也不能没有监管的干预。

市场框架设计的另一个方面涉及**围绕在市场周围的机构**。市场并不是存在于真空之中，它们产生什么样的影响，关键取决于其根植于怎样的社会，以及这些社会能在多大程度上塑造数字化

---

1 参见 Thompson & Vogelstein 2018。
2 有关各种论点和政治构建选择的讨论，参见例如 Rahman 2018。

转型以造福社会。公立学校和大学就是这种相互作用的典型例子,它们使人们能够获得不同形式的资格证书,然后利用这些证书进入职场。我们并不想将教育归结为在劳动力市场中的可利用性:当市场发生变化时,与之相关的机构也必须随之改变,以维护共同利益。

特别是在德国,人们普遍认为,学校的、实践性的或大学的培训是为了让人在年轻时掌握一门职业技能,然后成为一名护士、园丁、程序员或银行从业人员。这种思想受到新教神学传统的强烈影响,正如我在上一章中所描述的,也受到浪漫主义时代人类自我实现思想的影响[1]。其中包含许多有价值的东西:对劳动的尊重,对劳动对人的影响的现实评估,以及对多年来从事的事情塑造了自己的认识。但是,在接下来的几十年中,并非所有职业都会保留下来,正如现今仅有少数马车夫或马掌铺存在一样,将来也可能只有少数出租车或公共汽车司机。这种变革过程是社会为技术进步付出的代价。但是,并非所有人都平等地付出代价,而是经常要求某些群体做出更大的牺牲。

---

[1] 参见 Taylor 1989。

具体来说,问题是:那些在未来工作受到数字化变革影响的人,那些必须学会新的技术或适应一个全新领域的人,他们会怎么样?

这种教育模式,即教育机构主要面向年轻人,为某一特定职业一劳永逸地培养人才并向社会输送,不再适合终身工作时间和某些工作的寿命之间关系已发生巨大变化的情况。但谁又能说这不是一个很好的机会呢?至少,如果大学和其他教育机构能开设一些适当的课程,如允许在未来改变职业的继续教育课程的话。顺便提一句:开设这类课程不一定只关乎经济上的可利用性;不难想象,对于许多人来说,在工作几年以后,教育的人文方面可能更具吸引力。

此外,在未来改换工作方面,还有其他可能的监管方法,例如为失业者提供过渡津贴和咨询,[1]或改善公司和求职者之间相互联系的机会。这可能对雇主方产生或多或少的压力。例如,可以考虑为公司规定一个雇用经过改行培训员工的配额,类似于残疾人士融入社会的配额,只有在公司

---

[1] 参见例如 Rotman 2017。Rotman 说的是"全民基本调整福利",而不是"全民基本收入"。

向一个用于资助继续培训措施的基金池缴费时,才能从该配额中解脱出来。

然而,这类监管市场,特别是劳动力市场的建议,通常会遭遇害怕的反对声:所有这一切都是不可能的,因为公司现在多为跨国经营,没有哪个国家能对其施加如此严格的条件。人们有时甚至会认为,有利于国家监管的论据正中新近壮大的民族主义者下怀——毕竟他们也主张全面控制国民经济,必要时借助保护性关税。其背后的逻辑是,无论技术如何发展,人们可以保住原有的工作。这是一个令人质疑的观点。因为在许多情况下,某些工作类型已被机器所取代,并且人们从这个意义上来讲"保住"的也不一定是好的工作形式。在美国,人们或许可以实时跟踪这个实验的发展情况。

在笔者看来,孤立不是解决之道,而是要**协调**市场,也包括国际市场的规则框架,以便应对技术变革并能够利用这些变革造福全体人民。事实上,如果多个国家**共同**制定市场规则,例如欧盟那样,在许多情况下是最明智的。是否要忽略这个拥有超过 5 亿欧盟公民、在全球范围内具有高购买力的市场,大多数公司可能都会三思而后行。

在这方面已经发生了一些事情,例如在数据保护方面,[1]但还远远不够。欧盟致力于建立"共同的内部市场",这或许为诸多有关雇员保护和劳动世界政治性构建的问题提供了一个合适的框架。

然而,不管人们寄希望于欧洲还是国家的公共媒体和议会:无论如何都不能因为所谓的国际大公司的势力而放弃政治塑造市场框架的责任。否则,就会落入笔者前文所述的陷阱:当政治被即将发生的事情吓得魂不附体,不是为了共同利益而进行塑造——必要时甚至会违背利益,那么悲观的预言就会自我实现。

三、按"等级制度"塑造劳动世界

然而,谈及数字化转型重要的是要牢记,它不仅发生在个人相互签订合同并可随时退出的市场中,更发生在大多数从业者都是雇员的结构背景——这个"劳动世界"中,其结构横跨了"公共"与"私人"之间的分界,在内部往往是相似的。因

---

[1] 例如 2018 年 5 月这一数据保护条例生效,参见 u.a. https:// de. wikipedia. org / wiki / Richt-linie _ 95 / 46 / EG _ (Datenschutzrichtlinie) [2018.10.22]。

此,有另一类"手"介入构建事宜:所有在公司或机构中担任管理职务的人。他们对他人拥有支配权,因此也应负责任地行使这种权力。

为了了解这个论点所涉及的范围,人们必须清楚,我们的经济体系并非以下意义上的、纯粹的市场经济,即它仅由框架和框架内原子化的个人之间的合同组成。这不仅是因为相当一部分人在公共部门、行政机构、垃圾处理企业或者学校工作。除此之外,劳动力市场也很难与苹果和梨的市场相提并论——经济学教科书中经常以这两个市场为例。

笔者在前一章曾指出,我们的经济在多大程度上是建立在分工和互补的劳动原则之上的。这种劳动的协调经常发生在企业内部,即经济学文献中称作的"等级制度"中。雇员并不是每天早晨与其雇主就自己应提供的绩效谈判一份新合同。相反,他们是长期受雇的:他们领取固定的工资,有时还包括与其绩效挂钩的奖励工资,相应地,他们须听从上级的指示。当然,老板对雇员的要求也有明确的法律限制。然而,重要的是要认识到,等级制度下的工作遵循着与自由市场根本不同的原则。因此,数字化转型不仅发生在市场中,而且发生在等级制度中。

美国经济学家罗纳德·科斯(Ronald Coase, 1910—2013)在20世纪30年代提出的"企业理论"(Theorie der Firma)有助于理解为什么会出现这种情况。他最初提出的问题是：为什么有些活动是在等级制度下进行的,而另一些活动是在通过供求机制协调的市场中进行的？科斯得出的结论是,由于交易成本,即订立合同的成本太高,一些劳动分工的互动形式无法在市场上以自由交换的方式组织。[1]从获取信息、联系潜在的商业伙伴、探讨各自的利益到起草合同,所有这些步骤都需要花费时间和金钱。如果让一个人来当老板并发布指示,而另一个人则遵循这些指示以换取金钱,换句话说,就是签订一份典型的雇佣合同,这样做的效率要高得多。

从科斯的开创性论文发展而来的"企业理论"研究方向,进一步提出了等级制度优势的论据。例如,指派专人协调和监督团队进程,以防止"搭便车者"依赖他人的业绩,[2]这可以是有意义的。

---

[1] 参见 Coase 1937。
[2] 即使人们不同意作为本理论和以下理论基础的自利行为假设,也可以承认这一点。参见 Alchian & Demsetz 1972。

签订"开放式"合同[1]（如雇佣合同）通常是很实际的，在这种合同中，从一开始就没有明确规定要达成何种业绩，但雇员同意在不断变化的情况下——当然是在一定限度内，按照雇主的要求行事。如果雇佣合同是长期的，雇员可以获得对自身工作有用的特殊技能，而并非在任何地方都适用的通用能力。因此，作为所谓"协调性等级制度"的组织[2]可以汇集自由市场上所没有的各种不同类型的投资。

当需要完成的任务定义模糊、难以区分，导致业绩的"市场价格"不清晰时，雇佣关系就特别有意义。例如，当一个团队一起进行头脑风暴、提出想法、相互建议并共同权衡时，个人的贡献就不能用金钱来计算。在这种情况下，所有参与者都必须共享组织的目标，也许还有组织的价值观和文化[3]，以便能够进行有意义的合作。每个人都试图使自己经济利益最大化的战略态度对这种合作形式是完全不利的；相反，人们需要信任和开放的态度。

---

[1] 参见 Williamson 1973；Williamson 1975。
[2] 参见 Blair & Stout 1999。
[3] 参见 Ouchi 1980。

令人惊讶的是,这种企业内部的关系却很少成为有关劳动世界的学术讨论议题。许多经济学理论通过谈论"市场行为者"的议题而完全隐去了这个问题:这些行为者可以是有血有肉的人,也可以是拥有数千名员工的跨国公司,[1]在这些公司中,管理层对员工拥有相当大的权力。虽然"企业理论"详细地解释了公司的内部结构**不是**市场的原因,但存在完全从市场交易的角度[2]来看待公司结构的苗头,将其视为"合同的纽带"。

借此往往掩盖了公司内部普遍存在的权力关系,因为这样做就好像雇员可以随时离开公司,从而摆脱老板的权力。有人受到启发,认为他们可以找到一份新工作,[3]就像晚餐更换蔬菜品种一样容易。这可能适用于一些高素质群体,他们的技能在劳动力市场上需求量很大,例如目前的程序员。但是对于大多数的劳动关系而言,雇员对工

---

1 早在 1977 年,美国经济史学家 Alfred D. Chandler 就写过一本书,书名正是《看得见的手:美国企业的管理革命》(*The Visible Hand. The Managerial Revolution in American Business*),它更具体地论及拥有典型管理结构的美国大公司的崛起。参见 Chandler 1977。
2 参见 Jensen & Meckling 1976。
3 批判性见解参见 Anderson 2017。

作的依赖性要大于雇主对他们的依赖性——也由于工作的地区分布不均衡,且因频繁更换工作而搬家也几乎不现实。这就造成了权力的不平衡。

当然,这种权力不平衡的强度也取决于法律框架。在这方面特别重要的是,如何构建棘手的雇佣合同条款,例如,是否要求公司不得以完全依赖老板恩惠的定期连锁合同雇用员工,或者相对于雇主而言雇员拥有哪些知情权。又如,如果雇员能够在某些情况下了解其同事的薪资,如德国自《薪酬透明度法案》生效以来的情况,他们的谈判地位可以得到改善。法律框架对雇员组织工会的难易程度,或对允许哪些经营形式并通过税收制度加以促进也起到决定性作用(笔者将在第五章详细介绍这一主题)。所有这些因素都影响着公司内部的共存,并影响着公司内部的权力和劳动关系。

然而,并不是所有发生在人们日常工作生活中的事情都能以法律形式固定下来。这不仅是因为雇员向法院起诉捍卫自己的权利往往成本高昂。日常交往中的许多因素是如此地微妙,也着实难以在法庭上解决。这主要涉及劳动的社交方面:氛围如何? 相处中如何相互尊重? 人们能够在多大程度上相互信任？所有这些在很大程度上取决于公司最高层，或者至少在公司等级结构中处在较高位置的人。

老板对员工的权力是一个非常微妙的话题，因此很少被公开讨论，人们对老板权力的体验要比对国家权力的体验更为直接。国家通常离我们很远，许多通过国家权力决定我们生活的机制都是在幕后运行的，所以我们几乎不会注意到它们。相反，我们的老板对我们的要求，他们如何设定劳动场所的基调，每天都在直接影响着我们。

在第五章中，笔者将主张以比政治领域权力结构更强有力的方式组织公司的权力结构：借助民主加以控制。但在进行了这样的改革之后，劳动的社会结构仍然为权力所渗透。这种权力也为行使权力的人带来责任，包括如何塑造数字化转型。

例如，在等级制度中，老板们决定是否以及如何使用数字技术来精确掌握和安排工作流程。如果一切都必须按照数字技术预先设定的模式来完成，这就让个人的思考在很大程度上变得多余。这可能对有些工作步骤是有帮助的，但也可能使个人沦为纯粹的傀儡，不再感到自己可以帮助塑造自己的工作,因此陷入消极状态或犬儒主义之中。

当然,在公开场合和部分政治方面对企业管理者提出的要求往往是矛盾的。一方面,德国企业无论如何都不能"错过数字化";另一方面,当然也不应受"盲目的技术乐观主义"掌控。

在许多情况下,最好的策略可能是让员工参与决策,毕竟他们才是应该与数字化技术打交道并实际体验其带来的变化的人。例如,当医患之间不再是面对面的交流,而是通过网络摄像头进行交流时,这种关系会发生什么变化?只有相关人员才能做出评估,而管理者往往根本无法体验到这一点。

当然,也有可能存在对引入新方法或新技术的无理抵制——例如,当加强控制具有相当明显的优势时。在前数字化时代就存在这样一个例子:在许多医院,手术清单的引入大大降低了错误率。因为手术团队之间的配合往往非常频繁,很容易出现遗漏,从而对患者的健康造成不必要的伤害。[1]显然,鉴于事关重大,抱怨"太官僚主义"是

---

1 参见 Haynes, Weiser & Berry et al. 2009。

第三章 非自然力所为,政治使命使然:为什么我们必须构建数字化的劳动世界? 113

不恰当的。

在许多地方,数字技术还能够为人类的弱点或错误提供更好的解决方案。但是,决定引入数字技术的人必须意识到,这也可能产生新的问题。例如,因为口头交流被技术系统所取代,而这些技术系统也可能造成新的误解。[1]恰恰是在人际交往领域,人的判断力与同时观察和权衡不同因素的能力是不可或缺的。在这一点上,人通常仍然优于计算机。[2]因此,许多数字技术,尤其是算法信息处理领域的数字技术,作为辅助工具是有意义的,但却不应成为决策的最终权威。即使人们有意识地将其仅作为辅助工具来使用,也必须清楚地认识到人们还是倾向于过分依赖计算机生成的结

---

[1] 这种效应的经典案例距今已有150多年的历史:在铁路史上第一起重大事故——克莱顿隧道事故中,多辆列车相继驶入单轨隧道,但轨道监测工事先未接到警告,导致23人死亡,176人受伤。当时,隧道两端都采用了先进的信号系统,但由于误解和系统的部分故障,致命事故还是发生了。两列火车相隔很短的距离进入隧道后,在隧道是否畅通的问题上出现了致命的通信错误。第二辆列车的司机停了列车,并倒车查看停车信号。与此同时,轨道检测工向第三辆列车发出了隧道畅通的信号——致命的撞车事故就这样发生了。如果三辆列车都在没有信号系统的情况下通过隧道,撞车事故很可能可以避免。

[2] 参见例如 Lenzen 2018。

果——心理学家称之为"自动化偏见"(automation bias)[1]。因此,决定引入此类技术的管理者也必须对人机交互中发生的心理过程有一个切实的理解。

那些在公司等级制度中有权安排他人工作的人因此有了一项重要任务,即必须在技术信仰和拒绝态度之间找到一个折中之法。如果对这种责任视而不见,坚持认为事情将顺其自然,无法改变,这似乎显得更舒服些。但这样一来,宿命论者就赢了:不是因为他们从一开始就是正确的,而是人们的消极态度使得其正确了。

大多数人都不愿意像《虚荣的篝火》中的谢尔曼·麦考伊那样工作。他们不愿只是一味地随波逐流,只管为自己谋取最大利益,而不去追问、不去了解这一切的意义。在公司和组织中,事情进展顺利可能是因为有许多人对自己的工作持有不同看法,愿意在工作中承担责任并不断思考。这是人们实现自己不仅仅是被动的"系统中的齿轮"(Rädchen im System)的前提,而做到这一点的责任在于那些塑造等级制度的劳动世界的人。

---

[1] 参见 Skitka et al. 2000。

第四章

风险、责任与担保：
劳动世界中的公平

为什么人们常说私有财产比集体财产(Gemeinschaftseigentum)更有意义？任何一个在合租公寓或办公室使用公用厨房的人都知道标准答案：没有人会对不属于任何人的东西承担责任。这就是为什么用过的餐具会堆在洗碗池里，没有人往洗碗机里面加洗碗盐，以及厨房抹布总是需要重新清洗。这就是人们常说的"公地悲剧"(Tragik der Allmende)，即共同资源被个人过度索取[1]，因为如果其他人不这样做，那么考虑如何更好地利用这些资源对于任何人来说都是不值得的[您的合租公寓或办公室厨房看起来更好吗？那可能有一些机制，比如社会规范，阻止了上述情况发生。事实上，社会科学家已经发现了各种可以防止"公地悲剧"发生的机制。特别值得一提的是埃莉诺·奥斯特罗姆(Elinor Ostrom)，她是历史上第一位获得诺贝尔经济学

---

[1] 这方面的经典著作请参阅 Garrett Hardin 的《公地悲剧》(*The Tragedy of the Commons*)，参见 Hardin 1968。

奖的女性[1]]。

在"公地悲剧"背后存在一个逻辑,通常被称为市场经济秩序的基本原则:责任(Verantwortung)和担保(Haftung)必须结合起来进行考量。**责任**通常意味着某人对某件事负责,其拥有就此事做出决定的自由,同时当这些决定受到质疑时,他也是道德批评的合法对象[2]。**担保**意味着一种可诉关系,即被追究法律责任的可能性:如果谁担保,他就可能要接受执法者的问询,为什么要如此决策,而非那般决策。大多数情况下,该法律担保也会带来经济后果,例如:他必须自掏腰包向那些因自己的错误决定而受到损害的人支付赔偿金。因此,从更广泛的意义上理解,担保意味着人们要自己承担自己的决定所带来的后果。

人们只有在担保并因此承担后果的情况下——这是假设,才会负责任地行事。私有财产通常就是这种情况。如果在我自己的厨房里堆满了碗碟,我就不能指望别人会在某个时候来收拾。也就是说,我必须自己承担自我懒惰的后果,而且

---

1 更确切地说,阿尔弗雷德-诺贝尔经济学奖是由瑞典中央银行赞助设立的,诺贝尔本人并没有计划设立经济学奖。
2 哲学背景内容请特别参阅 Locus classicus (Strawson 1992)。

因为我知道这一点,所以我最终会鼓起勇气去启动洗碗机。市场经济的情况同样如此:因为责任人拿自己的资本冒险,所以他们要对公司的命运负责。

这一论证逻辑通常用于赞扬私有财产、市场经济和负责任的成熟社会三位一体。但首先,这种说法与事实根本不符:在我们的经济体系中,许多人的商品都不是他们以所有者的角色担保的。很简单,这些商品根本不归他们所有,他们只是受雇于商品所属的公司或机构而已。其次,这也不正确,并非**只有**私有财产才能确保责任与担保相一致,还有许多其他机制,例如通过组织或个人的声誉机制,也可以发挥作用。最后,人们常常含蓄地声称,社会所有成员在责任与担保相一致上是平等的。但事实绝非如此,如今就已经出现了严重的失衡现象。举一个具体的例子:有更多钱的人可以买得起各种生活风险的保险,从而部分规避担保;而买不起保险的人就必须自担风险。随着数字化转型及新的监督可能性的出现,这些现有的、有关责任与担保的不平等现象可能会大规模加剧。它们很可能已经在很大程度上导致不公平的情绪弥漫,而这种情绪助长了民粹主义的怨恨。

笔者在前文已经讨论过如下论点：西方国家的经济体系不是纯粹的市场经济，不仅是因为公共部门的存在，而且还因为企业内部组织遵循的是等级制度原则，而非自由市场原则。然而，在许多关于德国的论述中，有的坚称，我们生活在一个人人对自己的经济活动承担全部责任的体系中。在情况并非如此的地方，例如，一位受雇的首席执行官，也就是说他不是公司所有者，就会间接受到市场的"纪律约束"：包括公司销售产品的产品市场，但主要是公司股票交易的金融市场。

但个人责任与担保是否直接与此相关？这一点值得商榷。一方面，许多经理人通过合同保护自己，以便在失败甚至提前终止合同时获得巨额赔偿——这种做法理所当然会引起公愤。另一方面，人们根本不清楚股市何时以及为何要追究公司的责任。例如，当剑桥分析公司披露脸书在何种规模上出于何种可疑目的传递其用户数据时，脸书的股价大跌——但这似乎主要是因为预期用户会流失，以及监管机构会对脸书进行更严格的审查所致。因此，金融市场的惩戒并不是对公司行为的直接反应，而是由于预期第三方会追究责任。在金融市场中，只有少数行为者关心公司的实际价值。对于短期交易而言，更重要的是**其他**市场参与者的想法，以及谁能更快地识别出涨跌变动。这种追究个人责任的方法相当可疑。

笔者坚持民主社会中所有公民必须享有平等权利的说法，然而在我们的经济体系中，这一原则似乎并不总是适用：谁以何种方式对自己的错误负责，这取决于他在经济体系中的地位和职业角色。通常正是由于所谓的"市场"制裁，某些行为者才无法真正承担责任。

数字化数据存储和评定的新方法也在改变追究个人责任的可能性。但是，这些创新发生在一个游戏规则对每个人来说已经不尽相同的社会里，[1] 如果不采取任何针对措施，这些不平等现象就可能变本加厉。谁的劳动有个人决策的余地？谁的劳动受到数字化方法如此呆板的"微观管理"，以至于彻底失去了乐趣？谁能在劳动分工体系的复杂网格中隐瞒自己的责任？谁必须对自己所做的一切负责？

为了立即澄清一个可能出现的误解：这并不是说要不断引入新的规则，而是关于哪些规则适

---

1 另参见 O'Neil 2018。

用于谁以及如何有效执行的问题——尤其是考虑到数字控制的新可能性。因为对于一个自由民主社会的基本秩序来说,几乎没有什么比给人造成"死抓小人物,放任大人物"这一印象更危险的趋势了。这些趋势发展是对一个服务于整个社会的、具有社会包容性的劳动世界的主要威胁之一。它们会导致怨恨,降低遵守社会游戏规则的意愿——如果"上面的人"都不这么做,人们自己又何必不辞辛劳呢?对这种趋势的看法增加了右翼民粹主义煽动者的易感性。他们以正当的愤怒为核心,包裹着仇外心理和民族伟大理想的爆炸性混合物。我们需要遏制这类趋势的蔓延,而数字化变革将有助于明确责任归属。这有可能使我们的劳动世界更加公平,并更好地解决劳动分工体系中存在的推卸责任的问题。

一、推卸责任

在高度差异化的劳动世界的复杂过程中,责任的归因以及对错误追究责任并非易事。在最糟的情况下,这种困难导致人们在分工劳动网络中无法遵守日常生活中理所当然认为有责任维护的基本道德标准。我们容易设身处地为生活在周围环境中的、熟悉的人着想——我们从小就习惯于这样做，或许我们也是这样逐步演化而来的，因为人类及其祖先一直生活在面对面的社会（Face-to-face-Gemeinschaften）里。[1]如果对于我们只是通过劳动分工的全球化经济网络间接产生联系的人，情况就会有所不同。那么，承担责任又意味着什么呢？

以大众汽车柴油门事件为例：由于少数程序员和工程师（可能还有一些知情却视而不见的管理人员）设置了一个开关机制，使发动机在试验台测试中的表现比在公路上的表现更好，从而导致排放到空气中的废气超过了允许值。环境专家粗略计算后得出结论的是，这些额外排放将会导致每年至少3.8万人因心脏病、肺病或中风而提前死亡。[2]人们或许可以计算出这些死亡中有多少是由参与操纵的每个个体造成的。但是，我们的道德意识未经训练，无法认识到这类情况；其因果关系链过于复杂，而且这样的情况对法律程序而言也

---

[1] 另参见 Parfit 1984。
[2] 参见例如 Carrington 2017。

是一种挑战。

因此,我们不妨举个例子来说明通过分工劳动来分担责任的复杂性。美国剧作家亚瑟·米勒(Arthur Miller,1915—2005)的作品中就有这样的例子,他在许多已成为经典的剧作中对现代劳动世界的心理弊端进行了细致的探讨,其中包括一部在德国并不太知名的剧作《吾子吾弟》(*All My Sons*)[1]。在这部剧中,他以范例的方式展示了如何在劳动分工的社会中推卸责任。故事主要情节发生在第二次世界大战期间,在一家为军队提供飞机气缸盖的小工厂里。[2] 其中一些气缸盖有裂纹,导致安装了这些气缸盖的飞机坠毁。直到发现问题原因之时,已经有 21 名飞行员丧生。乔·凯勒(Joe Keller)是该公司的两位所有者之一,他否认所有的责任,说涉事产品生产当天他不在公司,他的合伙人史蒂夫·迪弗(Steve Deever)负责当天的生产监督,应对此负有责任。

至此,与大众汽车柴油门事件的结构性相似之处显而易见:在劳动分工的过程中,某个环节看

---

[1] 参见 Miller 1957。
[2] 这个故事基于 1941—1943 年发生在俄亥俄州的真实事件。

似微不足道的责任缺失,却对其他人造成了深远的影响。米勒这部戏剧的重点在于,他把这些原本分散在社会中的后果带入了邻近的亲属领域。两家人彼此熟识:迪弗的女儿安妮(Annie)和凯勒的儿子拉里(Larry)订了婚。拉里是一名空军飞行员,在战斗中牺牲了。安妮想知道,是否由于其父亲和未来公公的公司生产的有缺陷的气缸盖导致了坠机。

她与父亲断绝了关系,认为父亲是罪魁祸首,因为她认为父亲为了贪求公司利益而牺牲了自己的正直。

凯勒尝试在一次谈话中改变安妮对父亲的看法——同样不难想象,在大众汽车柴油门事件之后,也有人提出了类似的辩解。凯勒认为,迪弗是个傻瓜,但不是杀人犯。当时,这家公司乱成一团,不断受到来自军队的压力,要求供应新的气缸盖。提交有质量不稳定嫌疑的批次是人之常情。乔·凯勒说:"这种情况时有发生,这就是生意。"(That happens, that's the business)[1]迪弗是一个胆怯的人,不敢向陆军少校承认这批产品有缺陷。

---

1 参见 Miller 1957, S.82。

凯勒说："这就是一个小人物的所作所为。"（That's what a little man does.）[1]这是一个误判，但不是谋杀！这一切听起来都太能理解了：谁能说自己在压力下一定不会这样做呢？

但人们后来发现这个故事并非如此。迪弗在电话里向凯勒报告了这个问题，并催促他来做决定。然而，凯勒却装病不来公司，尽管他知道迪弗是一个软弱且天生胆小的人，无法承受商业伙伴的交货压力。迪弗的儿子乔治后来告知，凯勒甚至可能要求他父亲隐瞒细微裂纹的问题并提交气缸盖。凯勒曾在电话中向迪弗承诺他会承担责任，但后来在法庭上却否认有过这通电话——在那个电话追踪技术还很不发达的时代，迪弗无法取证。[2]

这事要是发生在今天就不一样了，会存在具有法律意义的数字痕迹。尽管如此，米勒的戏剧还是很有启发性的，因为它描述了复杂的劳动分工过程中的一个典型状况：推卸责任。在《吾子吾弟》中，每个参与者都希望生产链中的其他人能够

---

1 参见 Miller 1957，S.82。
2 参见上书，S.101 f。

承担责任:有人会发觉问题,有人会发出警报,这样自己就不必对损害负责,但也不必为不能交货而辩解。每个人都把自己的行为合理化,认为这是最好的选择。例如,凯勒指出,他想为孩子们挽救他辛辛苦苦建立起来的公司。[1]最后,他开枪自杀,或许还是为了认罪。

米勒剧作富有启发性的另一点在于,责任是多么容易推卸到他人身上。法院未能追究凯勒的法律责任。这可能被视为司法不公,但该剧所描述的情况让主审法官难以做出另外的判决。凯勒的罪责在于**不作为**(Unterlassung),而不作为在法律上比主动行为更难处理,因为必须证明当事人知道其不作为的后果。[2]

《吾子吾弟》中的场景简单明了。至少回想起来,史蒂夫·迪弗的行为与士兵的死亡之间有着明确的联系。这是明确的技术联系。原则上,所有参与者都意识到事关重大。当人的行为涉及那些离得很远抑或还根本不在这个世界上的人时,

---

[1] 参见 Miller 1957, S.115。
[2] 根据不同的国家,也有不同形式的经理人责任或"公司负责人员"责任,这可以更好地控制不作为。然而,它们在法律上存在争议,而且往往难以适用。

事情就会变得更加困难,因为在未来才会发生损害。在国际性经济世界的复杂体系中,情况往往如此:人们通常不清楚**是否**某人会受到决策的影响——有可能性,但不确定,以及决策终究会影响到**谁**。在这种情况下,人们很容易忽视潜在的受害者。心理学家称之为"可识别的受害者效应"(identifiable victim effect)[1]:如果人们的行为可能伤害到一个可识别的人,相较于"统计意义"上的受害者(即在一大群可能受影响的人中有一定概率受影响的人),人们会更加关注,行为也会更加谨慎。然而,后者恰是当今许多案例的典型,如大众汽车柴油门事件。

这类推卸责任的例子在如今的劳动世界中也屡见不鲜。例如,如果一家欧洲纺织品公司的亚洲供应商没有在工厂安装足够的消防设施,那么对此负首要责任的一定是当地经理,其次或许是与他们直接相关的欧洲采购经理。但采购人员(他们主要关心的是低成本,并不过问自己在防火

---

[1] 参见 Small & Loewenstein 2003。同样,David C. Rose 也描述了"共情问题",即在大群体中,机会主义行为通常不会让人觉得是错误的,因为,没有会让人感到共情的受害者,参见 Rose 2011。

和合理的工资方面的花费),甚至客户(他们购买这些产品主要是因为价格低廉)难道不也有责任吗? 在此,人们很容易说,这种责任不能归咎于任何人,而是错在"制度"。[1]

在有关政治家道德的讨论中,人们常说他们有时会"弄脏自己的手",即选择道德上有问题的策略来实现重要目标。政治学家丹尼斯·汤普森(Dennis F. Thompson)描述了劳动分工过程方面"许多手"的问题,[2]即有如此多的个人参与其中,以至于最终没有一个人需要问自己的手上是否沾有污垢。因此,责任就被分散在如此多人的肩上,以至于每位参与者都知道自己日后不会被起诉,这反过来又会减少他们所感受到的在道德上合理决策的义务。

因此,上述认为"市场"将确保人们对自己的行为承担全部责任的想法是幼稚的。这通常是一个公开可见的司法调查问题,即公司和个人究竟是否会感受到任何后果。只有这样,客户或投资

---

[1] 汉娜·阿伦特称此为"无人统治",在纳粹独裁统治的官僚机构中,这种统治导致没有人对总体结果负责。参见 Arendt 1963。

[2] 参见 Thompson 1980。

者才有可能回避。与此相反,如果行为者不必考虑司法调查或公众关注,那么他们对建立**问责制**(accountability)就没什么兴趣了。如果金融市场对他们施加压力,那么他们的行为就更有可能以**赢利能力**为底线(Bottom Line Profitability),即关心赤裸裸的数据,而忽视道德问题。

如果再加上数字技术因素,情况通常会变得更加复杂。一方面,责任的归属虽然可以更为明确,因为作为日常工作一部分的数字技术经常会顺带进行记录:谁知道了什么?谁在什么时候给谁下达了什么命令?另一方面,出错的风险也在增加。如果数字系统的使用者并不真正了解这些系统,却将其纳入工作流程,那么责任问题就会像凯勒和迪弗的案例一样模糊不清。这一点尤为棘手。

然而,责任归属与数字技术之间的关系不仅在于如何利用这些技术来归属责任,还在于当这些技术用于生活中所有可能的领域时,由谁来承担责任。举一例来说明这一情况:在美国,许多法院使用软件来评估已决犯重新犯罪的可能性。[1]这

---

1 参见 Angwin, Larson, Mattu & Kirchner 2016。

种软件是通过商业途径提供的,因此其代码不对外公开,而且使用的是过去的数据,对诸如居住地、生活习惯或家庭状况等因素进行检索和分析,然后程序会给出一个估值。结果显示,黑人被错误归类为高危险人群的概率是白人的两倍,而白人被评估为低危险人群的概率则更高。另外,这些评估实际上只是为了做出关于假释的决定(忽略了个人在狱中可能会向好的方向转变的可能性)。然而,法官在量刑时已经部分使用了这些评估——这是人与技术互动中的一种动态,原本不是有意所为,但人们不禁要问,是否无法预见这种情况的发生。

如果被告人因其居住地或社会环境等因素被评判为风险因素而获得了过长的刑期,这不是一个简单的由谁负责的问题,尽管他作为一个人受到了不公正待遇。编写该软件的程序员是否足够谨慎?谁对他们用来输入程序的数据被大量扭曲这一情况负责?当法官将计算机生成的数值纳入其判决,可能是想以此使自己的判决更客观,对此人们能责怪法官吗?人们究竟清不清楚该程序是否运行正常?有没有审查过为这一具体案件输入数据的警官是否秉公办事了?

数字系统的重大危险之一是，人们认为其陈述比实际情况更为客观，因此发现不了错误。就上述软件的例子而言，只有当一个独立的记者协会更仔细地检查了这些程序时，才知道白人囚犯和黑人囚犯不同的犯罪概率。事实上，人们经常需要认真观察才能理解软件应用的所到之处究竟会发生什么。当然，这并不是说人不会犯错，但这些错误至少不会被技术客观性所粉饰，而且还有一个人可以追究责任。

责任归属的另一个问题是，当数字系统得到应用时，错误可能扩大的规模。这与软件的规模效应有关：软件一旦编写完成，通常可以在不增加成本的情况下进行成倍复制（这反过来又导致了诸多与数字世界相关的版权、专利保护和保密问题）。在极端情况下，创建过程中可能发生的错误会影响到数百万人，但只会在很久之后才被注意到——尤其是在没有透明度的情况下，因为公司声称这些程序属于商业机密。

这种情况是否会发生，或者更准确地说，发生的频次如何，因为这种情况可能无法完全避免。像其他许多情况一样，这又是一个公司和公共机构内的政治构建和责任承担问题。在使用数字技术时，人们需要冷静地分析责任归属及应对出现错误的可能性将如何变化。这里的关键问题很可能是，数字技术的生产者是否应该考虑在必要时承担责任，是通过欧洲常见的前瞻性法律，还是通过美国广泛采用的集体诉讼（Sammelklagen）。如果因为行为者可以预见没有人会追究他们的责任，所以连考虑技术产品影响的积极性都太低的话，那将是致命的。

人工智能研究所（AI Now）在最近发表的一份报告中指出：当数字系统应用于对个人有重大利害关系的领域，如医疗保健或司法领域时，人们就必须有可能进行审查并追究设计和操作这些系统之人的责任。[1]在这些领域中应用的算法系统不应仅仅是个"黑箱"，让人无法了解其结果是如何产生的，也无法了解谁应该对这些结果负责。

相反，人们必须通过公开审计、测试和审查，以确保这些程序符合法律原则。并且，只进行一次然后永远开绿灯的做法是不够的。因为这类程序在运行时对其所处的社会环境有一定的假设，而这些假设可能会发生变化。必须持续地从不同

---

[1] 参见 Campolo, Sanfilippo et al. 2017。

角度对替代人类工作的数字化辅助工具进行严格审查。只有这样,才能确保它们不会造成最终无人负责的危害。

二、有限责任的隐患

例如,当脸书上的数据被滥用于政治目的,或者谷歌上的高薪工作机会更多地推送给男性而非女性时,究竟谁该为此负责?在日常生活中,我们习惯由自然人,即有血有肉的人承担责任,他们可以对自己的行为承担道德和法律责任。赞扬市场要求"个人责任"的言论也体现了这一观念。但在经济领域,不仅有自然人,还有法人——在法律上独立的组织,如股份公司或基金会。这类组织通过在其等级制度结构(笔者在前文中所描述的)中担任职务和角色的人来"行动"。这是一件太过日常的事情,以至于我们通常根本不会注意到它。它有许多优点,但也会引发有关责任归属的难题,特别是当数字系统发挥作用时。

作为法律意义上的"人",股份公司和其他有限责任组织在我们的经济生活中发挥重要作用。它们可以作为风险和长期项目的资本筹集处,例如铁路线的建设——这是股份公司历史上的一个里程碑,尤其是在美国。形象地说,就是人们创造了一口锅,投资者将资本投入其中,如果成功的话可以从中获取红利,但这与其私人资产是分开的,并由专门为此雇用的人员进行管理。因此,投资者当然知道,一旦破产,他们会损失投入的资本,但他们的私人资产不会受到影响。这使得投资者有可能承担更高的风险,只要不用将个人的经济生存置于危险之中即可。[1]这种法律结构使人们在相对有利的条件下汇集大量资本成为可能,而且因为股东知道他们不必永远持有股份,而是可以在股票市场上转售,所以他们的投资具有流动性。法人,这口装有资本的"锅",原则上具有永久的生命力,只要不破产,可以在更换人员和股份所有者的情况下延续运营。

我们习惯于将此类组织视为私营经济行为者。但是,正如美国法学家和政治学家大卫·西普利(David Ciepley)在一篇文章中强调的那样,它们不是从自由市场中成长起来的,而在历史上和

---

[1] 同时,如果一家股份有限公司的股东之一破产,该公司不承担责任。债权人可以接管他的股份,但无法动用公司作为法人的财产,如工厂和机器。

法律逻辑上都是国家的产物,即国家赋予其作为法人身份出现的特权。[1]当今股份公司的历史范本就是诸如英国东印度公司这样的大型贸易公司,它们代表王室与殖民地进行贸易。为了推进公共事务的完成,如修建运河,它们经常被授予作为法人的特权。当然,股份公司并不像建筑管理部门那样是纯粹的国家行为者,它们没有公共授权,但在法律游戏规则范围内有追求自己目标的自由。然而,如果没有国家批准的法规,规定了有限责任限制,并将公司资产与股东剩余资产分开,这类公司将是不可想象的。因为自由市场的原则实际上是公司所有者也要以其私人资产承担全部责任。

这些法律问题从根本上影响了组织的性质,因此也影响了劳动世界的性质及其塑造社会的方式。此外,它们还造成了所有权和控制权分离的问题:所有者是作为法人的公司,控制权则由作为授权委托人的自然人掌握。这可能会导致利益冲突:人们如何防止授权委托人以牺牲法人利益为代价,与此同时牺牲股东利益来为自己牟利?人们尝试了许多控制机制来解决这一问题,例如将

---

[1] 参见 Ciepley 2013。

经理人的奖金与股价走势挂钩。

然而,大卫·西普利和许多其他批评家认为,在设计这些控制机制时,往往忽略了法人的确切法律结构。[1]因此,股份公司被赋予一系列权利和义务,这与其混合性质并不相符。股东通常被视为私有财产意义上的所有者,他们可以完全控制自己的财产。与此同时,他们只是将自己资产的某一部分投入公司,而这部分资产与其私有财产是明确分离的。尽管如此,以牺牲其他参与者如雇员的利益为代价,他们被赋予了许多权利,尽管他们也同样为公司带来了一些东西,用那个讨厌的词来说,就是他们的"人力资本"。但有人指出,就雇员而言这只是一种合同关系:用劳动换取薪资。这暗中否定了员工会因在乎自己的工作,或在乎公司的福祉而对公司的长期发展有持续的兴趣。根据诸多理论,股份公司最好只由股东控制,因为人们假定股东和公司的关系与一名中小企业家创办公司并以私人资产承担全部责任的关系相同——这种类比非常值得怀疑。

除此之外,对经理人的激励也以短期股价上

---

[1] 参见 Bakan 2004,另见 Shiller 2011 (Kap.I)。

涨为目的,而不是认真对待股份公司作为长期资本积累中心的特点。在某些情况下,这导致长期导向的股份公司结构完全被短期导向的经理人所掠夺,例如直接砍掉高成本但极其重要的研究部门——毕竟从短期来看,这些部门"只会"产生成本。相反,其利用股份公司具有法人地位这一事实来获得尽可能多的权利:例如在美国,股份公司还被赋予了只有自然人才享有的政治权利,如言论自由权,包括自著名的"联合公民诉联邦选举委员会"一案[1]判决以来,向政治候选人提供几乎无限制的捐款的权利。

在这种前提下,责任与担保的分配极其成问题。一边是股东和经理人,另一边是员工、其他"利益相关者"以及最终到整个社会,这之间的不平衡会导致前者存在强烈的动机将自己的利益置于所有他者利益之上。然而,当需要承担责任时,例如由于安全标准不足而危及员工或居民的安全时,他们可以使自己隐身于公司法人背后。

这是一种以社会利益为代价对自私自利行为的邀请。因此,法学教授劳伦斯·E. 米切尔

---

[1] 批判性见解参见例如 Ackermann 2017;Isiksel 2016。

(Lawrence E. Mitchell)就将股份公司的不负责任挑衅地称为"美国最新的出口产品"。米切尔认为,负责任的股份公司管理层必须着眼于长远,而奖金和股票期权这些短期激励措施会导致雇员承受压力,使环境受到污染,法律也得不到遵守。[1] 成本"外部化"(Externalisieren)[2],即将成本转嫁给其他行为者和整个社会,已成为股份公司的惯常做法。不仅在美国,而且在全球许多地方,法律控制都已失效。利润被私有化,最终进入股东和经理人的账户;成本则被社会化,即转嫁给他人。不言而喻,这无助于让人们认为劳动世界是公平和具有社会包容性的。

如果排除公司破产的可能性(破产毕竟会影响到股东,而且往往也会给管理层带来不利后果),这种情况就会更加严重。自从 2008 年全球金融危机以来,众所周知,有些公司被政客们视为"大到不能倒",因为它们的破产将对经济或至少是金融体系造成严重影响。国家用纳税人的钱来拯救这些公司,使其免于破产。尽管这很难进行

---

[1] 参见 Mitchell 2001。
[2] 另见 Bakan 2004。

实证，但人们可以假设，行为者知道这一点并且这也影响了他们的行为，使他们能够承担比必须考虑追究个人责任时更高的风险。与此同时，没有任何所谓的或实际的"系统必要性"可以说明以下问题：为什么有关公司的高层个人也有系统必要性。他们完全可能被替换并承担个人责任，而不会出现金融体系的崩溃。如果他们可能预料到这一点，也许就会有不同的行为。

不足为奇，这种发展让许多人怀疑我们经济体系的合理性，更别提公平性了。对此人们不必是一个彻头彻尾的市场经济批判者，而是批判完全以盈利为导向的企业行为，其不再认为自己必须避免给人们带来负面影响。同样，这也不是一个拒绝复杂的劳动分工组织的问题，而是构建这样一个组织的问题：高层的高薪人士不能免除任何形式的责任，而雇员则要直接对其造成严重后果的错误承担责任，中小企业家则要用私人财产对其企业的一切问题承担责任。

当人们允许有限责任的经济组织存在时，就应立刻追问其权利与义务的问题。大卫·西普利呼吁，人们应该深入思考其公私混合形式，并探寻如何通过股份公司确保更高程度的责任承担。管理学教授科林·迈尔(Colin Mayer)也进行过类似论证：他建议创建所谓的**信托公司**(trust companies)，以所有参与团体之间长期的利益平衡为目标，而不是建立纯粹以盈利为导向的股份公司。[1]事实上，德国的许多大公司都是以基金会的形式运作的，所以这个建议绝对是现实可行的。在美国，所谓的共益企业(benefit corporations)[2]正在尝试采取明确强调其商业活动的社会效益的法律形式。但这是一种纯粹自愿的做法，无须对法律进行原则上的修改，因此也几乎不可能具有足够深远的影响。但这些例子表明，这是有可能改变法律结构并以此改变激励结构的。数字化转型正在催生无数新公司，现有公司也在重组，这正是反思不同法律形式利弊的绝好契机。

支持有限责任公司的主要论点是，人们可以借此筹集大量资金。这立即引起了这一情况与数字公司是否相关的问题。因为许多数字公司的运作并没有大量的资本，而是从一小群程序员开始的，他们开发的创意价值可能超过最初资金支出

---

1 参见 Mayer 2013。
2 参见 https://en.wikipedia.org/wiki/Benefit_corporation [2018.10.22]。

的许多倍。人们从一开始就不清楚,是否有必要采用股份公司的形式,也不清楚这种形式是否能为管理层创造最佳的激励机制,使他们在利用技术创新造福客户的同时,又不给其他群体或整个社会带来风险。

在其他受数字化变革影响的领域,情况则有所不同。例如,在全自动制造系统中,资本需求和风险都可能非常高,有限责任公司的形式可以发挥重要作用。然而,这些公司是否必须是跨国股份公司,而不能是诸如基金会或合作社等形式,都还不确定。我们应该摒弃那种认为目前流行的法律形式就是唯一可能的习惯。在以数字化变革为特征的劳动世界中,其他法律形式可能更适合公平而有效地分配权利与义务、责任与担保。

例如,如果一个互联网平台的用户通过提供自己的数据为创造价值做出了重大贡献,那么他们是否也应该在商业决策中拥有发言权?比如,脸书的用户是否应该在公司的治理结构中占有一席之地?这或许可以避免像"剑桥分析"这样不可靠的公司滥用数据。在下一章,笔者将更详细地探讨这些问题,并坚持如下观点,即在数字化转型的过程中,我们也应该推动在经济领域引入民主组织形式的做法。但首先,笔者将继续讨论数字化转型可能会如何改变责任与担保的归属这一问题,因为此处危险正在迫近。

三、死抓小人物,放任大人物

数字化转型并不是在一种原始状态下出现,让我们可以从头开始思考如何以最佳方式塑造一个以数字化技术为特征的社会。它所面对的社会已经非常不平等——这涉及收入和财富的分配,以及责任和担保的分配。如果没有数字技术,导致 2008 年全球金融危机的做法也不可能出现。[1] 当时许多人失去了工作、房产、财富和幸福的家庭,他们可能是目光短浅或过于天真,购买了自己实际上无法负担的房屋,但他们的行为并非不道德,而往往是受到无良的金融服务提供者虚假承诺的诱惑。

然而,在他们的生计崩溃的同时,那些在泡沫破裂前从中赚取巨额利润的人却幸免于难——他

---

[1] 参见例如 Richard Bitner 在 *Confessions of a Subprime Lender: An Insider's Tale of Greed, Fraud, and Ignorance* 一书中令人印象深刻的描述(Bitner 2008)。

们的股票投资组合价值或许下跌,却几乎没有人被追究法律责任。美国金融调查委员会(US Financial Inquiry Commission)主席菲尔·安吉利德斯(Phil Angelides)严厉批评了此后出现的情景:给人的印象是,金融业领导层中没有人对此次危机负有任何形式的责任。人们只追捕些"老鼠",但没有一头"狮子"落网。可预见的后果是对法律制度的愤世嫉俗。[1]

在这个劳动分工的经济体系中,人们做出的贡献各不相同。每个人的任务、责任和收入不可能完全平等,因为这将使劳动分工的优势无法展现:人们可以贡献各自不同的天赋和喜好。但在某些方面,平等必须占上风:法律面前人人平等;如果不遵守游戏规则——不管是法律规则还是道德原则,制裁也是平等的。一旦给人的印象是,这些规则并不一视同仁,只是针对小人物而不敢奈何大人物的话,那就非常糟糕。尤其是当后者的工资总是不断上涨时,情况更是如此。从理论上讲,针对这一问题存在一种回拨机制条款(Claw

---

[1] 参见 McLannahan 2016。关于缺乏的法律处理方面内容请参见例如 Reiff 2017。

Back-Klauseln）。根据该条款，在事先规定的条件下——例如在错误决策之后，可以收回部分工资。但这在实践中很少使用。

有人可能会反驳，对责任与担保的聚焦是基于对人性的悲观看法，即如果不通过压力、控制和激励，人们永远不会主动做正确的事情。这不正是一种以经济为中心的"新自由主义"态度吗？典型情况下，这种批评被认为出自左翼思想家，而对人性的怀疑以及对控制的要求则更多地存在于右翼政治阵营。但当为现有的经济和金融体系，以及许多大公司上层缺乏控制机制辩护时，许多原本呼吁施压和控制的人就变得出奇地安静。

说得尖锐一点：行为必须受到控制的原则似乎首先适用于社会金字塔的下层。此外，再加上数字技术的监控潜力，结果就会出现一幅可怕的画面：下层受到新型美丽劳动世界的全然控制，而公司的上层却受到了保护，不受其影响。

更具体地说，问题在于如何在日常工作中使用数字技术，以及哪些监控与控制理念起到决定性的作用。这对人们的工作体验和工作安排有着重大影响。他们是否有机会自行安排自己的工作日，还是由手机应用程序或计算机程序来规定？

哪些团队有权自行安排工作？哪些地方存在通过数字化监控和与他人的不断比较，强行给员工施加压力并制造恐惧气氛，使同事友谊变得不再可能？即使这样的机制或许在短期内能够带来一定的效率提升（这往往是一个令人质疑的假设），但这是我们愿意付出的代价吗？或者更确切地说，是我们想要强迫雇员付出的代价吗？

这些场景的现实可以从优步和来福车（Lyft）这两家打车服务公司中看到。它们利用数字技术非常系统地操纵司机。《纽约时报》的研究显示，它们通过给司机派送订单的手机应用程序，蓄意向司机施加心理压力。[1]例如，在打车需求量大的时候，司机会收到信息，告知他们"非常接近"某个收入数额。这个金额是任意设定的，略高于司机已经达到的金额。此举只是利用了人类在即将实现的目标前不愿意放弃的心理倾向。或者，根据网飞（Netflix）和油管（YouTube）自动播放下一个视频的原则，在司机完成上一段行程之前，给其一个新的行程建议。此外，还有一些研究结果来自对电脑游戏心理学的研究。由于人们发现大多数

---

1 参见 Scheiber 2017。

司机都是男性,他们对女性声音的反应比对男性的更积极,因此在手机应用程序中与他们对话的自然是友好的"劳拉"(Laura)。

这些做法并非直接胁迫,但其如此具有操纵性,在一个以法治为基础的劳动世界中不应为其留有一席之地。事实上,如果司机是雇员,有些措施即使在美国也是非法的。但他们在形式上是独立的缔约方,数十年来在劳资纠纷中争取来的保护机制对其并不适用。这一事实以及他们收集到的大量有关司机行为的数据,使得公司可以对程序设计进行实验,然后选择能达到最佳结果的那一种——当然,是指经营成果意义上的。

这种场景可以转而应用于其他的工作领域吗?技术可行性是巨大的:最简单的莫过于记录办公室职员浏览行为和击键次数,或者借助面部识别软件记录谁以何种频率往咖啡机那边跑。因此,真正的问题不在于什么是可能的,而在于什么是法律允许的和实际实施的。公司是否可以在雇员工作的各个阶段对其进行监控?如果允许,那么以何种程度并征得谁的同意?

公司通常以提高效率为由引入所有可能的控制形式,但人们并不清楚这一理由是否成立。大多数职业不仅仅是某些工作步骤机械操作的总和——如果是这种情况，这些工作将来很可能会由计算机或机器人来完成，这也许是件好事。人类的劳动远不止于此。一个团队合作得好坏与社交活力紧密相关；保持和积极发展这些活力需要时间，而且很难以数字方式来实现。创造性的想法不是出现在计算机程序规定的时间窗口中的，而是出现在不可预测的时刻，而且通常出现在以开放和信任为特征的团队合作中，因此人们也可以冒险尝试一些非传统的想法。未来的工作团队还会有自行组织合作的自由吗？还是雇员会因控制幻想而被强烈地孤立，并在竞争关系中相互对立，以至于这种信任变得不可能？

是否以及如何实现这样的场景，雇员可以捍卫哪些免受监控的权利，这些大概都将在激烈的政治和法律纠纷中决定。对个人隐私的保护权是其中的一个核心方面，但辩论不应仅集中于此。同样重要的是控制与工作的关系，即工作执行者认为其工作是负责任且出色的。能够独自或作为团队一员决定如何安排自己的任务，对人们的工作体验起到决定性作用。每个人都有表达自己个性的余地，这使工作人性化，也让我们把彼此看作独立的个体,而不是机器或计算机程序的附属品。如果人们想一想真正的客户对话与国际公司服务呼叫中心照本宣科、时间仓促的呼叫之间的区别,就会明白其中的利害关系。

同时,新技术也为纠正劳动世界中某些环节存在的责任缺乏问题提供了机会。例如,它们可以用于改善管理层和员工之间的沟通方式——公司内部网的引入已经在这方面带来了很大的变化,未来可以更多地使用数字论坛,使员工能够就战略决策提出质疑。即便没有直接的制裁措施,这种做法也可以让经理人再三思考,如何向员工证明自己决策的合理性。在新的沟通方式面前,许多过去提出的关于详细且提早沟通"不可行"的论点,如及时提供战略方向决策信息的"不可行",似乎都成了空洞的借口。

除此之外,还有互动式的交流,例如员工直接向董事会提问,在技术上也很容易实现。事实上,在这个方向上已经发生了很多事情,但问题是:这样做是为了给人一种参与的印象,其最终是为了安抚员工,还是在责任与担保的结构上有了真正的推进?这些沟通的机会是"上面"给予的,还是也可以由"下面"要求?在这些沟通过程中,谁对诸如用于方向性决策的不同情景分析的数据与事实这类具体信息拥有何种权利？哪些内部或外部的机构有义务要求提供信息？如果这些信息揭露了某位管理者没有公正地履行自己的职责，又会发生什么？在这种情况下，谁可以追究其责任？

人类劳动总是意味着为自己的所作所为承担责任，这对管理人员和"小"职员来说同样适用。人们或许可以逃避为自己的行为承担责任，[1]但这并不能免除其道德责任。劳动不仅意味着执行某些具体的步骤，而且要考虑为什么这样做？这些步骤如何适应于更大的关联之中？回顾一下，这也是杜尔凯姆所持观点的一个重要方面，即分工劳动并不一定导致愚钝化。劳动的这些方面不能由机器人和算法接管；它们可以在许多环节接管执行，但无法接管思考、安排和承担责任。

如果一个社会给人的印象是，经济精英只贪求自身利益，而不愿承担责任，这可能会产生致命的后果。因为人们倾向于使自己的行为适应于他人的行为。当他人采取合作行为时，他们也愿意合作；但如果他们确信他人是纯粹出于战略考虑，

---

[1] 关于这种意义上的责任参见例如 Strawson 1962。

他们就会也转而采取战略行为。[1] 由此会形成一种自我强化的态势。

西蒙·格特(Simon Gächter)和乔纳森·舒尔茨(Jonathan F. Schulz)的一项研究表明,对游戏规则公平性的信任会在多大程度上影响一个人的行为。[2] 这两位研究者在23个国家进行了试验,在试验中受试者有机会作弊,从而比诚实的回答获得更多的钱。他们将试验结果与一项指数相结合,该指数汇总了有关国家违反规则的频率数据,包括政治欺诈、避税和腐败等。结果发现,一个国家违反规则的倾向越高,个人不诚实行为的倾向也就越大。个人的价值观显然是与现行规范和制度一起发展的,并受其影响。

如果违反规则是一种常态,那么人们也不会因为违反规则而感到内疚。这在高度劳动分工型社会中尤其危险,因为在此不合作或不适当的行为很容易对他人、组织或整个社会造成危害。

从长远的历史角度来看,一个社会的所有成员还算平等地承担责任与担保,这是一种例外,而

---

[1] 关于"有条件的合作"参见例如 Kocher et al. 2008。
[2] 参见 Gächter & Schulz 2016。为了避免可能出现的反向因果关系问题,实验的对象是大学生,即年龄小到很难对国家的文化价值观和制度产生重大影响的人。

不是常规。一个社会中更有权势的成员要对任何人负责,这是现代法治国家的一项成就,无论怎样高度评价都不过分。此外,今天比以往任何时候都有更多的人了解这些过程,这也多亏了那些吹哨人和泄密者,他们愿意冒极大的个人风险来揭露滥用权力和腐败的行为。

然而,在这个问题上仅仅呼吁提高透明度是不够的。因为数据本身并不能自动揭示责任主体;公开的数据越多,甚至可能越容易掩盖责任。因此,问题不在于数据量本身,而在于对信息的选择和解释。我们需要爱尔兰哲学家奥诺拉·奥尼尔(Onora O'Neill)所说的"智能问责"(intelligent accountability):对权力行使者的行动进行有意义评估的方法。这不仅包括那些自身具备足够专业知识而对这些行动进行评估的人,而且包括那些直接受行动影响而在评估过程中有发言权的人。即便像脸书这样全球性的庞然大物也不一定无法控制,但我们需要更多地了解哪些方法最能控制数字权力。

四、数字世界的社会网络

因此,我们不仅需要摒弃过时的观念,例如市场总是独立地响应和制裁错误行为，或股份公司的法律形式是大型组织唯一可能的结构，为了能够在数字世界中分配责任与担保，我们还需要新的方法来应对新的**风险**。如果事情的发展不尽如人意，谁来承担什么样的后果？这些风险正是"数字化"进程引起如此多恐惧的原因之一：害怕成为多余的，害怕失去工作，害怕只进行由微观管理和严格控制构建的非人性化劳动。只有通过巧妙地适应社会网络来应对新的现实，才能消除这些恐惧。

现实中会有动荡：工作会消失，人们会失业，至少必须忍受某些不确定的时期。因此，第一个重要的问题是，如果他们失去工作，他们都会失去什么？他们也会失去稳定的医疗保险保障吗？因为这是由其雇主组织的。哪些养老金待遇[1]会保留，哪些会丧失？他们的孩子能留在现在的学校吗，因为这是一所对所有人开放的学校；还是要为孩子的前途担忧？因为公立学校很糟糕，但私立学校只有高收入的人才能负担得起。人们还能在郊外野餐吗，因为那里有公园；还是只有像购物中

---

[1] 参见 Reich 2005 (Kap.7)。Reich 讨论的一个例子是美国的破产法，该法将雇员的养老金债券视为从属债券。出售养老金债券的可能性在多家航空公司破产中发挥了重要作用。

心这样仅欢迎有钱人的商业空间[1]才是唯一的"公共"空间?

一个社会的劳动力市场越是动荡不安,社会救济的基本要素是否与人们目前的就业形式挂钩这一点就越发重要。职业生涯的动荡一定不能引起从业者自身彻底的崩溃。为此,必须再次将我们社会保障体系中的保险要素列为中心议题。福利国家的措施常常被视为是纯粹自上而下的再分配,其中保险能让所有参与者受益。数字化转型清楚地表明了一些以前就已经存在的事实:我们无法预测谁将是赢家,谁将是输家。一个人能否保住工作,并不一定与个人业绩或聪明的人生规划有关,更多的时候只是走运或不走运罢了。

保险的功能基于我们在宏观层面观察到的统计规律:例如,我们知道每100名雇员中就有10人会因为数字化转型而失去工作,但并不知道谁会是那些遭殃的人。如果每个人都存一小笔资金到"盆"里,其中的资金用于提供给这10名失业者,那么所有人的情况都会更好:那些受到影响的人是因为他们获得了保障,而其他人也可以睡得更安稳,因

---

[1] 在这方面的一个消极案例是美国,参见例如 Hacker 2006。

为他们知道如果自己受到影响也会得到保障。

面对可能发生的巨变,一些评论家将希望寄托在无条件的基本收入上:每月向每个人的账户汇入一定数额的资金,无论其工作与否。[1]这个想法最早可以追溯到英国社会哲学家托马斯·潘恩(Thomas Paine),他在18世纪末要求给所有人提供一块足够大的土地,以便他们能够自给自足。[2]当然,如今就不是土地的问题,而是钱的问题。支持者提出的观点之一是,向所有公民平等支付基本收入不仅可以节省大量的行政管理开支,还可以解决就业资格和激励机制等复杂问题。目前正在芬兰、肯尼亚和荷兰进行试验,以了解无条件收入对个人行为和整个社会动态的影响。

让我们假设有可能支付这样一笔收入,它实际上可以满足所有的基本需求,我们此刻暂且不考虑在面对需要更多支持的人时,比如因残疾而需要轮椅的人,将如何做到公平。我们还可以假

---

[1] 在泛滥的文献中,仅列举两部作品:Parijs & Vanderborght 2017;Widerquist 2013。此外,还有一个单独的期刊《基本收入研究》Basic Income Studies:https://www.degruyter.com/view/j/bis [2018.10.22]。

[2] 参见 Paine 2004。

定,这笔收入不会导致通货膨胀,也不会源源不断地流入稀缺商品所有者的口袋,例如大都市住宅的房东。这能回答有关劳动世界未来的问题吗?例如,在整个工作生涯中平等地获得好的工作。支持者的一个愿望是,目前收入低的工作,如在护理行业,能够得到更高的报酬,因为那些受影响的人将有能力不工作。然而,以此争取**良好劳动世界**的抗争是否已经获胜,是成问题的。

关键问题是,人们所希望的独立于劳动收入的目标不一定能够实现。许多雇员和家庭或许会根据劳动收入与无条件的基本收入之和来调整他们的生活方式。对失业的恐惧将继续存在,因为只有基本收入的生活会有相当大的损失。然而,最重要的是,如何创造好的工作岗位以及谁能获得这些岗位的问题将继续存在:在这些工作岗位上,个人既能在一定程度上实现自我,又能够为共同利益做出有意义的贡献。无条件的基本收入并不能解决劳动世界**内**的改革问题,这些改革会影响劳动世界中占统治地位的权力和责任结构。反之,如果无条件的基本收入被证明是不现实的,那么在不实行这一收入的情况下,人们也可能在改革方面取得进展。

许多硅谷的老板,一个通常相当敌视政府行为的"物种",也对无条件基本收入的想法持开放态度。这一事实应该引起人们的思考。假设真的到了这一步,即社会所需的大部分劳动要么由机器人和算法接管,要么在它们的帮助下才能完成;与此同时,国家机构向社会所有成员发放无条件的基本收入。那么,谁将对劳动和经济世界说了算?是由公民尤其是议会中的民众代表通过民主政治机构进行调节?还是算法和机器人的所有者?例如,谁有权决定无条件基本收入的高低?是否存在一种危险,即我们正在走向这样一种局面:广大民众被尽可能低的收入所敷衍,而少数全球经济精英却可以随心所欲地打开或关闭资金流动的水龙头?为了共同利益和民主,仅仅依靠无条件的基本收入并不能解决这些问题。在此,人们还需要采取其他措施。

与基本收入的无条件性相比,更重要的是其中蕴含的**基本保障理念**:当人们陷入经济创新"创造性破坏"(kreativen Zerstörung)[1]的车轮之下,需要依靠支持来重新开始职业生涯的时候,社会网

---

1 参见 Quiggin 2017。

络一定会为他们提供可靠的帮助。在法律上享有这种权力体现了一种公民参与的方式。仅仅帮助那些真正需要帮助的人,这本身并没有错;许多社会保障体系的问题更在于,为了确保"需要"确实存在,要进行无数次、其中部分是令人折磨的、深入个人隐私领域的检查。无条件基本收入的支持者无疑是鼓励减少或彻底废除这种福利国家的官僚机构。但为此基本收入不必是无条件的;有许多切实可行的方法可以减少官僚主义和检查,而不用基于完全的无条件,以此可以为那些真正需要的人提供更多的资源。

关于可能的设计细节问题人们还可以争论。但是,需要注意的是:可能的无条件基本收入不会减少对未来劳动世界进行反思的必要性。在未来劳动世界中,我们所花的时间可能比今天少得多,但其将继续与当今的劳动世界相似,如果为个体提供参与塑造它的机会,那它会蕴藏巨大的积极潜力。

用社会哲学家和经济学家阿尔伯特·赫希曼(Albert Hirschman)的话说就是:无条件的基本收入虽然可以"退出"(exit),但不能"呼吁"(voice)。[1]

---

1 参见 Hirschman 1970。

"退出"指的是用脚投票,如果某人不适合某个机构,就可以离开。对于机构而言,个人(无论是客户、员工还是其他利益相关者)的退出通常都是一个重要的警告信号,表明其必须进行改变。而"呼吁"意味着有发言权,能够说出某人不适合某个机构的地方,最好还能对事情如何改变有发言权。

退出和**呼吁**处在一个复杂的关系当中:一方面,那些能够轻易离开的人,可能不会费力呼吁;另一方面,如果伴随着离开进行呼吁,通常会更有效。因此,无条件的基本收入可以间接地提高共同决定的可能性,但这并不是其先决条件。为了让个人在劳动世界中有发言权,也可以在法律和政治上下功夫。笔者将在下一章对此进行更详细的讨论。

然而,此处还是需要谈谈福利国家的构建:在就业越来越不稳定的时代,福利国家改革的重中之重是强化社会体系中的保险理念。意识到自己也有可能会失业这一点有助于人们认清,那些接受社会保障资助的人通常并不是因为他们喜欢无所事事,而是因为他们单纯运气不好,需要一段时间的帮助。必须从这一保险理念出发来理解福利国家的监管做法,而不是从控制幻想出发,后者会导致陷入困境的人被当作罪犯对待。

经常有人借故反对说,有些人把社会网络当作吊床,而非紧急避难所。这个问题只能通过对这些网络的具体构建来解决。这是一个庞大的议题,在此笔者无法一下说得清楚。但即使有些人真的在社交网络上稍事休息,情况究竟又会有多糟糕呢?在一个有些人一年的收入比大多数人在其整个职业生涯中的总收入还多的社会里,这真的是社会主要问题吗?笔者绝对不想美化社会保障体系的滥用,或者为其辩护,但我们应该关注这种比例关系。

原则上,社会保障体系适应数字化转型挑战的机会一点也不差。如果能成功使伴随数字化而来的生产力增长不仅惠及少数人,而且惠及整个社会——这也许是当前最大的社会政治挑战,那么社会保障体系的金库就应该会相当充盈。在此过程中,我们可能不得不抛弃一项长期以来作为该金库特征的原则,即其大部分收入来自工作岗位的税收或分摊费用。如果生产中的价值创造更多地转向机器人和算法,而人类的劳动更多地用于其他地方,例如护理行业,那么人们就需要重新思考社会保障体系的资金来源问题。

除经济方面之外,我们还需要改变一些事情。使用社会保障体系在德国社会是一种巨大的耻辱:那些失去工作的人,甚至是领取哈茨四救济金(Hartz IV)的人,多被视为靠他人供养的失败者。尽管这种态度原本就是错误的,但在劳动力市场日益动荡的时代,这种态度的不恰当性表现得更加明显。如果职业生涯中断成为常态,我们需要一场文化变革,来改变人们对工作和失业的看法。

与此相关的紧张关系可能在德语国家尤其明显:对这里的许多人而言,劳动仍然是一种"职业",而非仅仅是一份"工作",在此"人力资本"被选为 2004 年"年度坏词"[1],人们从职业中获取一定的身份认同并以此为社会做出贡献的观念还非常流行。美国劳动力市场的"雇用与解雇",在不同行业和职能之间的快速转换对德语国家来说依然还是陌生的。但是,与自我身份认同紧密交织的终身职业模式在未来将不再会对所有人开放——或者仅在我们所理解的职业观念可能发生巨大变化的前提下。这无疑是一种损失,但它也有其解放的一面。毕竟,我们的工作年限比历史

---

1 参见 Herzog 2011。

上大多数人的都要长几十年。

我们倾向于以升降模式来思考职业生涯——无论是一个人一生的职业生涯,还是一个家族多代人的职业生涯。但是谁说人们必须这么线性地看待事物呢?也许未来的职业生涯将包含多个升降起伏的故事;[1]也许某人以律师身份接受过算法方面的培训,然后训练成为程序员自己编写代码,后来又考虑自己创业,但却接受了国家为那些必须在一段时间内维持生计的人提供的公共补贴性工作,作为一种保障和额外收入。鉴于这类职业履历,将职业生涯简化归结为升降起伏的想法可能会逐渐失去意义。人们在各处的收入肯定不一样,但工作的性质也各有不同,或者可能只是更适合当时的人生阶段。当这类故事变得司空见惯时,我们也许就会减少以"升"和"降"的范畴来思考,而是更加深刻地认识到,人们在一个高度复杂的社会中共同生活,必须做出截然不同的贡献,而所有这些贡献都有其自身的价值。

---

[1] 关于与基本保障相关的、可能的设计安排参见 Frank 2002。人们可能会批评这种模式过于注重激励;然而有趣的是,即使像弗兰克这样的经济学家也认为这样的模式是可能的、有用的。

这甚至可能更符合生命的生物节律。例如，它可以将家庭阶段更好地融入职业履历。正如时事评论员伊娃·科里诺（Eva Corino）在最近出版的一本书中所称的"依次原则"（Nacheinander-Prinzip）[1]。劳动世界目前还没有为此做好准备，但已经有许多可以使之变得容易的建议，例如为重返职场者提供实习机会，或对其进行数字化支持的培训、进修或改造。[2] 一个英国的例子是，一个名为"成为教师"（Now-Teach）的项目[3]，它为有经验的专业人士提供接受教师职业进修培训的机会，该项目在很短的时间内就大受欢迎。因此，人们不必对一个允许简历更灵活的劳动世界感到恐惧；相反，重要的是游戏规则的设计要使每个人在遭遇裁员或对新工作感兴趣时，都有机会在公平的条件下重新定位自己。

在这个问题上当然不存在**绝对的**公平，有钱有势的人试图将自己凌驾于法律之上，为自己攫

---

1 参见 Corino 2018。
2 另见 Christine Haas 对 Eva Corino 的采访，参见 Corino 2018。关于更灵活的工作时间对协调家庭和事业的好处另见 o.V. 2018。
3 参见 Becker 2017。

取比他人更多的利益。这是历史的常态,可以遏制但可能无法根除。然而,人们可以建立制度条件,为所有人创造一个尽可能公平的法律框架——既不让处在顶端的人逃避责任,又不让没什么特权的人独自承担风险。在数字化转型时代,我们能否也让所有社会成员感到社会基本上是公平的?因为只有这样,社会才能期望并要求个人出于自身动机遵守共同的游戏规则。

第五章

数字化劳动世界中的参与：
　　等级制度还是民主？

当人们想到公司或机构时,头脑里会出现怎样的画面?是一座宣示统治权威的中央大楼,尤其是如果建于该组织拥有大量资金的时期,那它就更加富丽堂皇;还是位于顶层的公司总裁或机构主席?抑或是公关公司斥巨资打造的各组织标识和文字?绝大多数劳动人口的大部分时间都是在这些组织中度过的,而这些组织却没有一个清晰的形象。它们是抽象的实体,是法律结构,其中不同的参与者有着不同的权利、义务和任务。通过组织结构图最容易将其描绘出来:大型地图上有着方框和箭头,象征着职责和权力。

一般来说,这些组织结构图或多或少呈金字塔形状:所有的线都汇集在最顶端(身居高位的人自然会把办公室设在最令人印象深刻的大楼里),重要的决策都是在金字塔顶端做出的。为此,必须在金字塔的所有层级收集信息,并通过等级阶层向上传递。上层对所处的情况进行分析,然后就何去何从做出决定,这些决定又通过各个层级向下传递。至于上层下达的每项决定是否都能在各层级得到贯彻和执行,则另当别论;虽然人们努力通过大量的控制机制确保其贯彻实施,但这些机制也必须隔着各个层级发挥作用,并不能总是做到没有瑕疵。总而言之,这幅画面的特点是等级分明。当下层有了新的想法,其必须逐层得到认同,然后才能到达上层,才有可能被认可和采纳。如果有人想从下向上晋升,就必须满足上层的期望。

公司在历史上以这种方式发展并不奇怪,毕竟在过去大多数社会领域都是按等级制度组织的。[1]对经济来说更是如此:"经济"一词来自古希腊语"住所"(oikos),意为"家庭"(Haushalt)。就政治领域而言,古希腊城邦通常是民主政体:世代居住于此的男性公民平等地决定城邦的共同利益。经济生活则发生在家庭内部(或由移民工匠、获得自由的奴隶、其他没有公民身份的人组织)。族长在家庭中居首位,妇女、儿童和奴隶则必须服从于他。城邦奉行公开透明[2]原则的同时,家庭中的经济生活则隐藏在私人性的面纱之后。这种思

---

1 另见 Ferreras 2017 (Kap.1)。
2 参见例如 Arendt 2002 中的阐述。

想遗产一直影响至今:政治上我们都是民主主义者;而在劳动世界里,我们接受等级秩序的所谓必要性。

人们现在有充分的理由解释为什么经济领域中,就像政治中的某些地方一样,存在等级制度。在第三章笔者借鉴"公司理论"讨论了其中的一些原因。然而,数字化转型提供了一个良好机会来质疑劳动世界中的等级制度原则,但不是为了接受"项目型""群体型"或"敏捷型"工作等时髦概念。这些建议通常是出于提高效率这一潜在动机而提出的,对改变公司和组织的权力分配几乎没有什么作用;在最坏的情况下,它们会加剧笔者在上一章讨论过的责任分散问题。

关键在于更为根本的问题:经济世界应该完全以等级制度组织起来,经理人和投资者地位稳固,还是我们也可以让它更具参与性和民主性?在本章中,笔者将主张让经济世界的金字塔更接近(古希腊)城邦的原则:开放的、参与性的社区,其中民主决策过程发挥着重要作用。

当然,这样的变革不会自行发生。一方面,我们正面临现实挑战,要更好地理解数字通信和组织过程的新可能性,并制定相应的准则,以确定哪些组织形式适合哪些活动领域；另一方面，这是一个纯粹的权力问题：目前处于经济等级制度顶端的精英们很难不进行抵抗就放弃自己的地位。

然而，由于数字技术的发展，在大型结构中组织劳动分工活动的前提条件已经发生了巨大变化，而且这种变化可能还会继续发展。其中一个核心方面是，快速、直接沟通的成本大幅下降，无论是书面沟通还是口头交流，均可通过视频会议来完成。同样，收集和提供信息（例如可实时显示库存量和客户订单情况）的成本也在下降。因此，支持等级制度的经典论据，即通常所指的工作流程的"交易成本"（Transaktionskosten）也失去了部分有效性。其他更好的组织形式变得可以想象——此处的"更好"不仅仅意味着经济效率。

在塑造劳动世界的过程中还涉及这样一个事实，即我们人生的大部分时间都是在社会空间中度过的，我们再也无法像古代的家庭那样，按照私人家庭的模式来理解这些社会空间。我们塑造经济世界所依据的规则是我们作为社会集体共同制定的规则，主要是市场框架下的民主构建形式，但也包括适用于市场的社会准则。鉴于目前正在发生的变化，我们应该抓住机会进一步发展这些规则,并尝试新的参与可能性。

从某种意义上说,朝着这个方向迈进将是德国应对数字化转型挑战的具体措施。因为与许多其他国家相比,德国的劳动世界目前已经以更具参与性的方式组织起来了。德国有《企业组织法》(*Betriebsverfassungsgesetz*),监事会中的雇员代表有共同决策权,雇员的权利比在许多其他国家得到了更好的保护。这不是民族自大的理由,却是我们应该坚持的传统。

一、等级制度的缺点

流水线生产和**科学管理**之父弗雷德里克·泰勒(Frederic Taylor,1856—1915)认为,所有的计划都应完全在公司高层进行,而工人们则应执行纯粹的机械步骤。所有的脑力劳动都应该离开工厂车间,移交到规划部门。[1]在流水线上执行工作的工人被认为是生产过程的组成部分,是纯粹机械化的工作躯壳,而组织的"头脑"则是上层管理人员。这种做法也使得金字塔顶端的高薪变得合

---

1 参见 Taylor 2007。

理,而下层的工资则被视为需要最小化的纯粹成本因素。大多数劳动者并不被期望去思考和承担责任;相反,他们被系统地剥夺了这样做的机会。

在经济体系中,将人贬低为单纯的齿轮的做法早已被接受。但是,体验自身的积极行为是一种极为人性的冲动。陀思妥耶夫斯基在他的《地下室手记》(*Aufzeichnungen aus dem Kellerloch*)中一语中的。[1] 他让一位匿名的前公务员就"现代人"展开论战——这是一篇旧文,却仍具有独特的现实意义。即使人们给予此人最大的幸福——"淹没在幸福中,就像在水中一样,只有气泡浮出幸福的表面",他也不会满足。他要的不只是"啃姜饼",他也不想始终只保持"理性"。因为他想让自己相信,他是"一个人,而不是钢琴键",可以任由他人弹奏。陀思妥耶夫斯基的主人公甚至声称:"事实上,人的全部动机似乎仅仅就是不断地向自己证明,他是一个人,而不是一个小销钉(Stiftchen)!"

陀思妥耶夫斯基让他笔下的人物做的事情相当矛盾。为了证明自己不是"小销钉",有些人不

---

[1] 参见 Dostojewski 2006 (Kap.VIII)。

仅会做蠢事，而且还会做危险或不道德的事。然而，这些段落的现实意义在于，其描述了人们的冲动总是为他人所摆布，并提道：沉溺于消费（"啃姜饼"）并不足以让自己确定自己是一个人。但是，人们如何能在一个等级制度森严的劳动世界中体验到这一点呢？这个世界期望个人像"小销钉"一样，以完成工作所需的干劲进行劳动，但同时又要默默无闻并适应环境。

这里涉及等级制度组织下劳动世界的一大缺点：这种环境隐藏着挫伤人们积极性和扼杀其主动性的风险（即便这种主动性因无法被扼杀而不会变成破坏性的，也会导致拒绝提供信息、盗窃或主动破坏活动）。等级制度依赖于外部控制，依赖于高薪诱惑，同时又面临收入停滞甚至失业的威胁。这固然有一定的激励作用，但也会大大降低做好工作的**内在**动力。[1]因为人不是一个自由行动的人，而是一个听命于上层的小销钉。人们无法衡量这将导致多少精力损失，有多少任务没有完成或并未好好完成，有多少想法未能实现，但笔者大胆假设，这些损失是巨大的。

---

[1] 关于内在和外在动机，参见例如 Frey 1997。

幸运的是，今天的劳动世界不再是19世纪俄国公务员体制或泰勒式的流水线工作。许多职员在安排工作日常或团队任务分工方面有一定的自由，并且可以为公司和机构出力献策。但大多数工作岗位的基本结构仍然是等级制的，随着公司或机构"自上而下"地引入新的数字化方法，存在着丧失上述自由的风险，因为人们正试图从员工身上榨取最后一丝效率。

尤其在劳动保护水平较低的美国，有些案例赤裸裸地为我们展示了这具体意味着什么。一个成为头条新闻的例子是关于星巴克用来优化员工轮班的软件。[1]该软件尽可能详细地记录了星巴克店内员工的活动，以此尽可能优化员工的工作安排——当然是从公司的角度出发。该软件公司承诺，这将大大降低劳动力成本。然而，对于许多员工来说，这个程序却让他们的生活陷入地狱般的窘境：他们总是很临时才知道自己被安排到了哪个班次，并且不得不时刻担心找不到人去幼儿园或学校接孩子，或者不得不临时推迟自己其他重要的安排。尤其让他们害怕的是所谓的"开关店"班次

---

[1] Kantor 2014 (Kap.7).

(clopening-Schichten)，这是一个由"关"（close）和"开"（open）组成的新名词：如果运气不好，不管员工是否需要睡觉，都会被安排在负责晚上打烊和第二天早上开门的班次。直到《纽约时报》的一篇报道引起了社会舆论的压力，星巴克才承诺进行改进，并彻底废除"开关店"班次[1]。然而，一年后，星巴克还未兑现承诺。[2]

在德国，由于对工作时间有更严格的规定，这种做法是不被允许的。这表明，面对新的技术可能性，被一些人认为过时的劳动保护权又变得重要起来。这并不意味着就不能使用软件来组织轮班，关键在于软件是如何编程的以及谁的投入是重要的。在此，雇主和雇员之间的社会权力关系表现得非常具体：如果没有保护权，这类数字技术就会对占有优势的一方有利。

有人可能会反驳说，理性的老板无论如何都不会这么做：他们不会引进对员工不人道的软件，因为他们知道这样会削弱员工的积极性，并带来声誉受损的风险。甚至可能有个别老板认为，这

---

1 参见»Starbucks Makes Barista History, Bans The Dreaded Clopen Shift« (o.V. 2014)。

2 参见 Kantor 2014。

样对待员工在道德上毫无疑问是错误的。即使公司实行等级制度,也不能将健全的理智和人际交往的基本标准抛之脑后。

这当然是正确的,人们可以列举许多成功进行层级交互的例子。但是,尤其在大型组织的最高层,显然人们并非总是做好了遵循人类理性的准备。权力使人腐化并不是一句老生常谈——这就引出了等级制组织形式的第二个主要问题,即正如心理学家通过实验证明的那样,当人们感觉自己很强大,即乐观、自信,觉得一切尽在掌握之中时,就不太愿意听取他人的建议。[1]

---

[1] 参见 Tost et al. 2012。在这些实验中,通过要求一些参与者回忆自己对他人拥有权力的情景,而让其他参与者回忆中立情景或他人对自己拥有权力的情景,来唤起他们的权力感。然后,所有参与者都必须完成一项任务,答对者将获得奖励。参与者有机会向已经解决了这项任务的其他人寻求建议。当参与者体验到权力感时,他们这样做的可能性要比体验到中立感或无权感时小得多(尽管后两组也有显著差异)。具体来说,第一组的参与者在 65.5% 的决定中拒绝了建议,而中立组为 34.2%,无权力感组为 25.7%。第二项研究也得出了类似的结果,尽管这次参与者被明确告知,这些建议来自经验丰富的专家——在这些情况下,之前被提醒过自身权力的参与者也绝大多数拒绝了建议。对于有强烈权力感的参与者来说,专家建议的可能性也会引发竞争思维,从而进一步降低他们接受建议的意愿。研究人员得出结论,认为权力感是危险的,因为它会降低接受他人建议并共同做出更好决定的意愿。

等级制组织的第三个问题是一个非常实际的问题：高层管理人员应该为其他人做决策，但又依赖于这些人为他们提供正确、完整和没有扭曲的业务基础信息。[1]当事情不如预期或出现新的需要考虑的因素时，员工首先会注意到：他们的观察对于组织的有效控制至关重要。但是，如果他们不得不担心这些信息会对上司如何看待自己的工作产生负面影响，那他们为什么还要向上汇报呢？

从上层控制组织的可能性常常被严重高估。1967 年，美国政治学和经济学家安东尼·唐斯（Anthony Downs）在一项关于官僚制的研究中，提出了有关组织可控性的各种"定律"（Gesetze）。例如"不完全控制定律"（Gesetz der unvollständigen Kontrolle）指出，没有人能够完全控制大型组织的行为；"控制递减定律"指出，组织越大就越难控制；"反控制定律"指出，控制强度的增加也会带来

---

[1] 在组织理论中这叫作"管理者是局外人"（Managers are outsiders），参见例如 Bovens 1998。Honegger, Neckel 和 Magnin 在对两位银行家的采访中谈到，银行的管理者对最终导致 2008 年金融危机的风险有何了解，他们提到"埃里希·昂纳克效应"（Erich-Honecker-Effekt）：为民主德国的国家元首建立了一个背景，使他完全屏蔽了他应该治理的国家的现实。参见 Honegger et al. 2010。

更多的抵抗或逃避行为;"控制不断扩大定律"描述了控制单元的扩张趋势,而不管到底有多少需要控制的事情存在。[1]

有一则寓言来自一个政治体制等级森严、没有民主控制和新闻自由的时代,一个国王扮成乞丐走遍自己的国家,想听听民众对他的真实看法,因为他自己的顾问和朝臣完全有理由从总是对他们自身有利的角度来阐述形势。[2] 也许这正是一些高层管理者暗地里想要的:在不被认出的情况下与人交谈,不加修饰、不加过滤地了解他们的真实想法。组织的规模越大,就越难维持沟通系统,即不仅要确保内部沟通,还要确保在应对组织环境问题时,重要信息能送达决策者。注意:只是重要信息,否则将导致无人可以应付的信息泛滥。[3]

这个任务即使没有因等级关系而产生的扭曲效应,也是很难完成的。组织的规模越大,就越多

---

[1] 参见 Downs 1967。Downs 从"理性选择"的角度写作,但也在他关于官僚机构的文章中加入了进一步的行为假设。

[2] 马克斯·韦伯指出,即使是一位绝对的君主,与他的官僚机构相比也是无能为力的,因为后者拥有维持国家运转的所有相关知识。参见 Weber 1980 (II.IX, § 3)。

[3] 这一概念由阿尔文·托夫勒(Alvin Toffler)所推广,参见 Toffler 1970。

地被划分为各个部门和往往在地理位置上相互分离的单元,[1]它们彼此之间知之甚少或根本一无所知。大多数情况下,人们沟通的只有汇总的数字、平均值或示例。这就存在一种风险,即传递这些信息的人可能会以最符合他们自身利益的方式来呈现这些信息,于是就会导致扭曲效应频繁发生,以至于这种现象被赋予了自己的"定律",其以美国组织学家和心理学家唐纳德·T. 坎贝尔(Donald T. Campbell, 1916—1996)的名字命名。"坎贝尔定律"指出,作为决策依据的社会指标具有腐化堕落的倾向,而且其往往也会扭曲和腐化自己应监控的过程。他举了一个典型例子:当根据破案率对美国警察局进行评估时,警察会试图尽量少接手案件,并尽可能只接手容易侦破的案件。试图用这一指标对他们的业绩进行评估,其最终结果却适得其反。[2]

当处在等级制度上层的人必须对自己不太了解的事情做出决策,而下层的人却只能做上层要求的事情,并不思考自己所作所为的意义

---

1 参见例如 Vaughan 1996, S.250。
2 参见 Campbell 1976, S.49。

和目的时，这样的工作还能称为负责任的工作吗？尤其是对于那些特别积极进取、对自己的工作真正感兴趣并愿意提出有用建议的人来说，这是一个困难的局面：他们在渴望做好工作和必须完成上层所定标准之间左右为难，而后者可能与做好工作没有太大关系。这并不是说在金字塔下层的人总是对的，也不是说人们就应该放弃任何形式的控制。但是，组织越是盲目依赖于固定指标的衡量，危险就越大——无须赘言，数字化转型还会带来新的风险。如果人们屈从于诱惑，仅仅因为某事可以数字化记录，就对其进行衡量并作为指标使用，那么就可能会产生意想不到的副作用。[1]

具有讽刺意味的是，这样一种机械的、自上而下的劳动控制（当然，官方几乎从未如此描述过）更加适合于那些机器人和算法同样可以很好胜任的工作，而不是所有那些需要人类能力发挥作用的工作。这样的系统所能提供的"智能"通常是非常受限的：当有明确的例行任务需要在严格控制的条件下完成时，它们才能发挥最佳作用（这就是

---

[1] 另见 Muller 2018。

为什么它们在许多游戏中如此擅长击败人类的原因)。而人类更善于理解复杂的环境,并灵活地应对环境的变化。他们可以领会某项活动的意义,因此也能够判断如何在不断变化的环境中保持这种意义。算法虽然能找到实现目标的最有效方法,但却不能思考目标本身。

直截了当地说:机器人和算法非常适合等级结构,而人类劳动构成的东西只在一定条件下适合。在适应复杂环境、社会活力在其各种复杂性中发挥作用以及需要寻找新的解决方案时,人类劳动是最必要且最无可替代的。一份工作在这一范围内处于什么位置,这不是一个正规教育或工资水平的问题,而完全是一个社会是否愿意在机器人似乎可以廉价地解决问题的情况下,把钱花在人类劳动上的问题。例如,在教育和护理领域,人类是否应处在核心位置,或者是否应纯功能性地处理待办事项,也许有一天机器人可能会接管这些工作。这不是一个技术可能性的问题,这是一个**如何**利用这些可能性的政治问题:是盲目地、机械地,还是十分人性地发挥作用,即是否还有人能够理解工作的意义并灵活开展工作!

二、新的通信技术,新的决策形式

幸运的是,如今的组织已经不再像历史上那样仅仅以严格的金字塔式等级制度为特征。尤其是与盎格鲁-撒克逊世界相比,德国的劳动世界在这类问题上相对进步一些。这首先体现在为雇员提供了更好的法律保护,包括解雇保护。在美国,许多雇员是按**"自由雇用"**(employment at will)的规则[1]受雇的。因此,他们几乎完全听从雇主的摆布。劳动力市场更加灵活,**雇用和解雇**是常态。[2] 许多德国老板可能还渴望这种关系:对雇主的保护往往被视为成本因素和缺乏灵活性。但是对于处理知识和开放的企业内部沟通来说,解雇保护是一个巨大的利好。如果某人"发牢骚"就会立刻被炒鱿鱼,那么只有当他对自己的工作不那么在乎时,才会选择开诚布公。过于不均衡的权力分配对信息流通的畅通性和真实性来说是一剂毒药,但这正是公司和机构想要适应数字时代不断变化所需要的条件。

---

1 批判性讨论请参见例如 Werhane & McCall 2009。
2 其背景是资本主义的不同"变体":美国是"自由"市场经济,德国是"协调"市场经济。参见 Hall & Soskice 2001。

得益于数字化转型,不但分散通信的成本降低了,而且超越传统等级制度的新决策形式成为可能。如今已经很难想象,一家公司的两个部门之间的交流是通过各自主管办公桌上的书面文件进行的。取而代之的是,员工只要在横向层面上在线进行商定,就能在不增加成本的情况下参与决策。随着市场上新的分散控制工具的不断涌现,对于一个更加由下层控制的劳动世界来说,其中的个体共同思考并做出贡献的潜力增加了。

借助新技术,劳动世界也可以采用参与性决策形式,一个有趣的例子是所谓的**协商性小型公众**(deliberative mini publics)。政治学研究已经对其进行了较长时间的调查,并以不同的形式进行了试验。[1]在此,不同的参与者作为公众的样本被聚集在一起,可以说是全部社会公众的缩小版本,这个过程往往采用随机抽样的方式进行。在此框架内,辩论可以在有代表性的基础上进行,而不交由政客、记者或其他意见领袖。换言之,是试验所有社会群体的代表在实际交流时会发生什么。这些小型公众的参与者会获得有关某个主题的信

---

1 特别参见 Fishkin 2009。

息,然后可以表达他们的正反观点,以及他们的问题和质询。讨论有时持续几个小时,有时也会持续两三天,不同的讨论形式可以结合起来,可以提供不同类型的结果,例如报告或建议——或者也可以是基于多数选举法的传统表决。与通常的情况相比,这些结果建立在更深入讨论主题的基础之上。

也许有人会提出反对意见,虽然这种交流形式在劳动世界中理论上也是可行的,例如以有不同参与者参加的研讨会形式,但这会产生不菲的花费。而恰好在这方面数字技术可以帮上忙:目前有许多通过在线工具来支持审慎思考场景(即对某一主题的共同思考)的尝试,从与提供信息相关联的简单投票工具,到各种结构形式的辩论论坛,再到共同评论和讨论文本的网站。

当然,工具的设计对这种参与过程发挥作用的好坏影响巨大。[1]谁有权参与,选择的代表性如何——例如是真的在所有层级和部门中随机选择,还是只考虑某些群体,比如因为他们特别受到影响,或者因为他们被认为具有特殊的专业知识?

---

[1] 另见 Fung 2003。

是只讨论预先确定的备选方案，还是也可以提出新的建议？是允许匿名，以保护相关人员并促进诚实的交谈，还是因认为恶魔会劫持讨论而不允许匿名？是只提出建议，还是对结果具有约束力？

这些形式为倾听不同的观点和共同探寻解决复杂问题的办法提供了可能性，特别是对于那些只能从某一学科或部门的角度[1]片面看待的复杂问题。这些方法当然比简单从上层匆忙通过某条线路调控下来的措施要费力得多。但是联合决策通常都是有利的：这样做可以更好地预见问题，所做的决定具有更广泛的合法性，因为这是人们共同商定的结果，而且也可能被证明是更有效率的。因为在有了来自上层的"快速"解决方案的情况下，那些业务负责人在出现问题时寻找解决办法的积极性就会更低。

数字方法可以使参与性决策变得简单，但反过来，参与性决策也对将数字技术成功引入现有工作过程至关重要。究竟谁能判断一项创新何时有意义？谁真正了解应用场景的特点？谁会察觉到做法正在缓缓发生变化？谁又能觉察到用户是

---

[1] 对于多角度解决问题的必要性，另见 Nassehi 2016 (Kap.6)。

出于天真、无知、自我保护还是阴险奸诈而错误操作了这个系统？所有这些都是数字技术本身无法回答的问题，而负责引进新技术的部门，即管理层或 IT 部门，通常并不从自己的工作实践中了解这些活动。

如果人们想把新的系统引入所有可能中最好的那个世界，就应该建立一个大型的、多彩的、代表着各种观点视角的委员会。例如，对于一个医疗领域的系统来说，这个委员会将由与该系统共同工作的医生和护士、数据被储存的病人、能够评估技术细节的信息技术专家以及能够伴随研究该系统的引入并提出改进建议的科学家组成（顺便说一句，如果程序被视为私人公司的商业秘密[1]，那么这些建议往往行不通）。人们需要注意的是，所有群体都能够表达自身关切，每个人都拥有同样的信息，并且彼此之间都公开、公平地打交道。

然而遗憾的是，与其他创新一样，我们并不是将算法系统引入所有可能中最好的那个世界，而是引入我们的现实世界——一个充满利益冲突和

---

[1] 参见例如此处讨论的缓刑评估软件案例：Angwin, Larson, Mattu & Kirchner 2016。

权力(权利)分配不均的世界。因此,可以预见,新系统和运用这些系统的新做法将会导致许多领域的斗争。如果真的想最佳利用分散的知识,就需要广泛的参与,但这可能并不是对所有的参与者同等有利。这当然不是巧合,即脸书用户在有关网络进一步发展的战略决策中没有发言权,如向广告商出售用户数据的决定。很难想象,他们会同意不仅将其用于纯粹的市场广告,而且用于政治广告。但由于脸书是一家股份公司,管理层说了算。在其他许多决定引入和构建数字技术的地方,情况也是类似的。

是否倾听有关人士的声音,特别是那些工作质量与数字系统共生的就业者的声音,对未来劳动世界的构建具有决定性意义。在此,区分**技术**分工和社会分工这两个劳动分工的概念是有益的。通过机器提高效率,无论是老式工具还是现代机器人,一般都属于技术分工的范畴,即将工序划分为单个步骤,并通过技术为其提供支持。这里还有必要区分其他的构建问题:谁承担什么任务,个人是否总是做同一件事情,或者是否可以轮换,以及是否注意到,同一个人在较长时间内负责某一特定的过程,还是被完全随意地分配到某些步骤中。这些都是**社会**分工的问题[1],其对劳动体验至关重要,因为它们关系到日常工作的例行程度,技能的使用和发展的机会。正是在这些方面需要相关人员参与发表意见。

除此之外,还有一个关键问题:谁最终拥有决策权?谁被允许提出建议,谁被忽略?这导致了一场恰在社会自由主义思想中有着悠久传统的讨论。1989年之后,这一讨论有些被遗忘了,但近年来在政治哲学和社会学中又被重新提起,即有关经济世界民主化可能性的讨论。

三、为了劳动世界中的民主

到目前为止,笔者所描述的内容以及德国劳动法至少根据法律条文所保障的内容,在有关劳动世界的英语哲学文献中被称为**工作场所共和主义**(workplace republicanism):保护人们不受单方面依赖和任意决定的影响,以及保障某些发言权。[2]这些机制确保了劳动世界中的个人不仅仅是

---

1 另见 Arnold 2012, S.110。
2 参见例如 Hsieh 2005。

系统中的齿轮,他们在劳动世界中也享有公民的地位。因此,"共和主义"(republicanism)这一概念指的是一种可以追溯到古代的政治思想传统。作为共和国的公民,我们认为彼此之间是平等的,没有人是别人的奴隶,没有凌驾于所有其他人之上的君主,社会致力于确保所有人都享有同样的权利——至少理想状态是这样的。

因此,**工作场所共和主义**涉及劳动世界中基本权利的保护。在美国,这种方法的提倡者希望首先引入这类法律规定,而在德国和欧洲则是要捍卫数十年来争取到的雇员权利——这些世界其他地方的雇员们只能幻想的权利。但是,如果要在数字化变革的条件下保留这些权利,维持现状可能是不够的。一些参与性劳动组织方法可以在目前现有的结构中实行。但它们是否足以解决随着新的数字技术引入而产生的权力和利益冲突?如果这些冲突在现有体系内得到解决,谁会从中受益呢?

有些新劳动世界的观察家希望借助数字通信的可能性,使其中的所有等级制度问题得以自行解决——这样它们就不会再出现。我们将在自由的网络环境下,在流动的、为特定项目自发组成的小组中工作,其在项目结束后就会解散。我们不再需要组织结构,因为所有任务将分散完成,也许会由匹配算法(Matching-Algorithmen)提供支持。但是,特别是对于在大型组织中完成的工作类型而言,**完全**没有等级制度和稳定结构的未来可能仍然是一个乌托邦。任何尝试过以基层民主方式与更大群体协调一个劳动分工项目的人都知道这一点,即使只是周末一起郊游。当一个小组达到一定规模时,电子邮件、线上聊天和 Skype 群组通话(Gruppen-Skype-Calls)也会达到极限。这时通常会出现法律并未承认但事实上存在的非正式管理结构[1]。如果仍继续考虑所有人的利益,这种管理结构有时可能是合法的;或者因其建立在小集团结构(Cliquenstrukturen)[2]之上并排斥其他人而失去合法性。因此,即使有良好的数字通信技术

---

1 在这方面,简·曼斯布里奇(Jane Mansbridge)的《超越对手式民主》(*Beyond Adversary Democracy*)很有意思,参见 Mansbridge 1983。其中,她研究了一家基层民主组织公司的案例,这是一家名为"帮助热线"(Helpline)的援助组织。尽管致力于民主价值观,曼斯布里奇发现员工之间存在明显的权利差异;然而,只要每个人的利益都得到保障,每个人都受到平等尊重,每个人都有机会通过参与集体项目继续发展,相关人员就不会认为这些差异是问题。

2 参见例如 Tichy 1973。

支持，也绝不能说非正式结构比正式结构更好地保障个体权利和公平的利益均衡。

等级制度造成了上文讨论的所有问题，但我们显然也不能没有它。有没有办法摆脱这种困境？答案是肯定的，并且在其他领域我们早就找到了办法。我们的政治体制是建立在对等级制度的民主控制和民选政治家代表利益的基础上的，他们只有为选民的利益服务，才能保留自己的权力，否则就可能会落选。这一体制并不完美，人们可以就如下问题展开争论：哪种情况是最好的，是多数选举还是比例选举？选举期是更短还是更长？是增加还是减少联邦层面的手段？不过，总而言之，此处适用温斯顿·丘吉尔（Winston Churchill）的那句名言：民主是最糟糕的政府形式，除了所有其他已经被尝试过的政府形式以外！

如果权威通过选举合法化，它的性质就不同了。根据对民主最基本的理解[1]，一个国家的精英被迫定期接受人民的选举，如有必要则由其他精英取而代之。人们或许会持不同意见，但已就程序达成一致，从而可以和平（不流血）解决冲突。

---

1 例如，约瑟夫·熊彼特的民主理论，参见 Schumpeter 1946。

有更高要求的民主设想在选举中看到集体意志的表达,这是在公开讨论中形成并随后由民选代表来执行的。法律制度对个人权利的保护也因此必然不会变得多余,光是因为在多数表决中吃了亏的群体成员仍然必须受到保护这一点就足以证明。

那么问题是,为什么人们不能将这些机制也用于经济世界呢?如果有人这样建议,通常会遭到质疑。但是,正如哲学家海琳·兰德摩尔(Hélène Landemore)和社会学家伊莎贝尔·费雷拉斯在一篇文章中指出的那样,许多反对的论据是经不起仔细推敲的。[1]这场辩论的出发点是一个简单的问题,即为什么在涉及与国家有关的权威时,我们认为它应该受到民主控制,而涉及公司有关的权威时,却认为民主控制不是必要的。但所谓"平行论证"(Parallelarguments)的代表们反而认为,支持对国家权威进行民主控制的理由也同样适用于公司。因此,不相信这一点的人就必须用反对论据对国家和公司之间的平行关系提出质疑。

---

1 Landemore & Ferreras 2016.

反对者的第一种说法是声称国家和公司有不同的目标,这当然是对的;但"平行论证"的辩护者指出,它们也有相关的共性。在这两种情况下,都涉及提供社会所需物品,都存在人们必须遵守的经济边界条件。反对者提出的第二个问题是:持有某家公司股份的股东不应该比这家公司的雇员享有优先权吗?然而辩护者反驳道,历史上对国家也曾提出过类似的论证:国家被视为一个小群体,即当时的统治家族的财产。哪些具体的权利和义务[1]与财产并行是一个政治构建问题,在这个问题上具有相当大的灵活性,应为造福社会而加以利用(或者如一位哲学界同仁曾说过的:猫的主人和老虎的主人拥有不一样的权利和义务[2])。

另一个反对工作岗位民主结构的论点是,雇员进入劳动关系中就意味着同意服从的义务;如果雇佣关系与他们的期望不符,他们可以离开该公司。但是这种说法是基于对劳动力市场的理想化观念。无论如何,对于大多数雇员来说,更换工

---

[1] 参见 Honoré 1961。
[2] 笔者要感谢马克·雷夫(Mark Reiff)的这一表述。

作都是要付出很大代价的。对于像德国这样的国家来说尤其如此。在德国,地区根基和掌握仅对少数公司重要的专业知识要比在受盎格鲁-撒克逊文化影响的劳动力市场中发挥更大的作用[1],而后者的特点是工作变动更为频繁。相比之下,如果持股者不喜欢这家公司的战略方向,他通常可以迅速卖掉所持有的股票。在家族企业中,情况肯定有所不同,所有者以其私人资产承担全部责任——那些创办并自己管理公司的人毕竟也都面临着高额风险。但是,即使在这种情况下,也不能说决策权必须**仅属于**那些投入资本的人,而不是也属于那些投入劳动力的人——"人力资本"这个相当有问题的概念就清楚地说明了这一点。

民主决策过程中的一个敏感问题涉及有权投票者的知识和经验。然而,这既适用于传统"政治"领域内的民主,也适用于商业企业中民主决策的可能性。在此也不能排除平行论证。解决有些问题需要技术专业知识,而这些知识只有经过培训的专家才具备。因此,在民主国家,相应的决策通常会委托给专家。在公司中也有可能出现类似

---

[1] Hall & Soskice 2001.

的情况。当然,关于**哪些**问题必须由专家来处理,以及相关专家是谁等问题,往往还存在争议。但是,这里有一些程序性步骤可以用来处理这些问题,例如由不同的当事方各自委派专家到相应的委员会。

即使提出了实现经济民主化的建议,也并非要废除或以言辞技巧和独特魅力来取代专业知识。如果是一个现实的模式,经济民主也将是代议制民主,并且当选的老板也必须关注其雇员技能。某些决策,如民主企业内有关某些技术方法的执行问题,也必须委托专家来做。不过,与政治民主相比,人们可以说参加经济民主选举的人——典型的就是员工,或者在某些商业模式下的用户,甚至拥有更好的初始立场。在政治民主中通常涉及的是人们作为个人根本不了解的政治决策问题,于是其会不假思索地跟随政治上信任的政党或团体的路线。在经济民主中,人们"更接近"决策所涉及的过程。毕竟,这关系到人们在其中日复一日度过许多生命时光的组织所关切的问题。

那么,如果民主被认为是**政治**领域中最好的组织形式,为什么它的那些原则就不能同样适用于**经济**领域呢?[1]公司中的权力(权利)差异并不会因此而完全消失,但其会减小并受到权力行使者更有力的控制。雇员的权利不仅可以通过法律途径从外部得到保障(尽管这肯定是必须的),而且可以通过内部途径追究那些不尊重雇员权利的人的责任。从长远来看,公司的民主治理可能也会对社会收入分配产生积极影响。因为在公司**内部**的分配问题上员工将会有更多的发言权。

那些用讥讽眼光看待民主的人可能会提出反对意见,即职员也首先考虑自身的利益——但完全不清楚为什么这会成为一个问题。归根结底,他们的核心利益是他们工作的公司能够长期生存下去。因此,可以假定他们会选择自己认为最有能力为公司利益行事的代表。这显然与上市公司资本方的利益相悖,资本方往往对经营管理层施加压力,要求他们以短期利益为导向;相反,如果投资者自身也是以长期利益为重,那么他们也一

---

[1] 在此,笔者主要是指商业企业。关于公共服务部门的工作岗位会产生特殊问题,因为这些岗位应该遵循整个政治民主的意志。因此只能在执行细节或管理人员的选择方面为全体职工引入民主因素。当然,在公共服务部门,民主完全是可以想象的,许多支持经济领域民主的论点在这里也同样适用。

定会对良好的领导感兴趣。如果公司员工的利益可能过多地牺牲了其他群体的利益,例如医院员工牺牲了病人的利益,那么就有可能授予这些群体的代表发言权,以确保不出现失衡的情况。

那么,民主结构的公司,其竞争力如何呢?有趣的是,根据主流经济理论,根本不应有德国的企业共决权制度(Mitbestimmung)和工作章程模式(Betriebsverfassung),因为与纯粹资本主义公司相比,它不具备竞争力。这说明这些理论是多么短视——显然,民主因素的负面影响并不像人们担心得那样强烈,或者说其正面影响足以抵消负面影响。因此,关键问题是,民主化程度更高的公司,是否也能够得到足够有效的领导,或者更确切地说,在何种条件下可以做到这一点。[1]

---

[1] 偶尔有人说,民主公司无法实现应有的发展,因为雇员希望不削弱他们的控制权,参见例如 Bowles & Gintis 1993。但这就一定是劣势吗?规模较小的公司往往能更灵活地应对挑战,如果它们之间存在激烈的竞争,这肯定比市场由少数几家巨头公司所控制更可取。有人可能会提出反对意见,认为规模较大的公司往往能更有效地运作,因此具有竞争优势。但如今,许多通常会产生这类规模效应的横向职能(如会计)都可以外包给专业服务提供商,而且大小公司都一样——数字通信也让这一点变得容易。

有一些民主管理公司的成功例子[1],这些企业不仅在市场上存在了数十年之久,甚至比传统企业更具生产性。其中,最著名的形式就是合作社,即员工本身也是所有者的民主公司。一个典型的例子是巴斯克(Baskenland)的蒙德拉贡合作社(Mondragon-Genossenschaft)[2],该合作社在生产和服务领域经营着大量公司。目前,许多不同的新想法和新做法正在形成,人们也在不断实践共同决策的新模式,或者通过民主选举来确定管理职位。[3]

因此,未来一种可能的模式或许是加强合作社,即人们通过支持新创办合作社或将现有公司转化为合作社的形式来实现。这对于不需要大量股本的平台公司(Plattform-Unternehmen)来说尤其有意义。"平台合作主义"(Plattform-Kooperativismus)[4]的方法尝试建立由使用者拥有的合作平台。例如,出租车司机可以联合起来成立一个合作社,并

---

1 参见 Chen 2016。
2 参见 https://de.wikipedia.org/wiki/Mondragón_Corporación_Cooperativa [2018.10.23]。
3 参见例如 Siedenberg 2017。
4 参见 Scholz 2016。

共同运营一个应用程序,而不是将这个领域交给一家像优步这样的公司。这样一来,合作社这一传统观念通过技术进步获得了新的现实意义。

然而,未来可能还会出现一些公司类型,它们必须有外部的投资者,以完成例如新生产技术的引进。在部分情况下,合作社有可能从银行获得贷款,对于一两个项目来说,数字化组织的众筹(Crowdfunding)也是一种可能。但可以设想,人们仍将需要那些愿意以更大金额承担企业风险的自有资本投资人。因此,问题在于如何以民主方式构建这类公司,即如今的股份公司。

伊莎贝尔·费雷拉斯对此提出了一个具体的建议,一种所谓的两院制(Zwei-Kammern-System),其中分别有资本方和劳工方。[1]为了做出决定,必须在两院都获得多票数。费雷拉斯认为,这种两院制是如何实现不同利益集团之间平衡这一问题的千年解决方案:早在古罗马,贵族、富豪阶层也必须将其一部分权力交给庶民的代表。两院代表了公司内部的不同逻辑:一方面是有效实现目标

---

[1] 参见 Ferreras 2017。一个介绍中心思想的视频短片参见 www.firmsaspoliticalentities.net [2018.10.19],参见 Ferreras 2018。

的工具逻辑；另一方面是"表达"逻辑，即认为劳动不仅仅是达到目的的手段，而且特别要关注劳动的质量和工作场所的人际关系。

当然，一个棘手的问题仍然是过渡问题：人们如何从一个主要是非民主的经济体制过渡到一个更加民主的经济体制？一方面，人们通过扶持新建民主管理的公司，以此避免那些在当前条件下投资于公司的投资人在权利方面的棘手问题。同样可以想象的是，员工有可能购买公司的股份，从而逐步获得多数股权，进而也能够改变公司的内部结构。[1]如果民主管理的公司能够在竞争中逐渐站稳脚跟，如果出现哪些模式对哪些行业领域或公司类型特别有用的话，人们也可以考虑使这种转型成为所有公司的法律义务。

走上这样一条道路的前提条件不仅是要改变法律框架，而且还要改变对公司的思维方式和期望。只要非民主公司在社会中占上风，建立新的非民主公司就会比建立民主公司更容易。

在招聘员工的问题上尤其如此，因为即使是

---

[1] 在美国相当普遍的"员工持股计划"(EPOS)模式正朝着这个方向发展。

民主管理的公司,也需要有才能、在各自任务上训练有素的员工。但是,如果从受训人员或大学毕业生的角度来看,在一家传统公司工作是正常情况,而民主公司却被视为奇怪的异类,那么后者就很难招聘到优秀人才。如果重心转向民主公司,那么社会准则可能也会发生变化,或许未来的某一天,选择工作如果只考虑薪酬而不注重企业的地位将会被视为一种道德上的问题。

如果想让社会朝这个方向发展(笔者已经试图说明有许多充分的理由这样去做),我们就必须为民主公司创造框架,使其有机会建立并巩固自身。我们需要空间进行民主模式的实践,从而启动社会的学习过程。政策可以为此提供相应的激励,例如通过咨询中心、提供法律形式或税收优惠等。在实践中得到证明的好想法必须更加积极地推广,包括让经济专业的学生了解。即使是失败的案例,人们也可以从中吸取教训,并为其他想尝试民主方法的公司提供重要的例证材料。我们需要更好地了解,经济民主化构建的障碍到底是什么,并学习更好地区分什么是真正的问题所在,什么是利益代表的借口,以及什么是我们可以问心无愧告别的思维习惯。

政治领域的民主眼下似乎正在经历危机,但这不应成为障碍,反而应成为鞭策,鼓励人们尽可能坚决地推进经济世界民主化。受人摆布的感觉、对旧担保变得脆弱的恐惧、对衰落的恐惧,所有这些都助长了当前的民粹主义(Populismus)。我们不想仅仅从经济角度来看待当前的形势:劳动世界的构建难道不是与此对抗的、最重要的杠杆之一吗?

几年前,经济学家达龙·阿西莫格鲁(Daron Acemoǧlou)和詹姆斯·罗宾逊(James Robinson)在一本引起轰动的书中提出了一个本质上非常简单的观点:如果社会是"包容性"(inklusiv)的组织方式,也就是为所有成员提供参与的机会,那么社会经济就会繁荣发展;相反,"汲取性"(extraktive)社会,即那些专制领导当权、挤压经济、阻止公民自主活动和禁止竞争的社会,往往会陷入贫困和缺乏民主控制的恶性循环。[1]这个论点可能有些过于简化,但依然具有说服力:亚当·斯密就曾描述过为什么在封建社会不值得进行经济活动,因为

---

1 Acemoglou & Robinson 2012.

全部的经营所得马上就落到了封建主的手中。[1]这样的社会在科学和艺术上也往往比较低迷,因为那些从一开始就没有特权的人几乎没有机会发展他们的才能。[2]

根据阿西莫格鲁和罗宾逊的观点,我们生活在"西方"的包容性社会中——事实上毫无疑问,我们比许多其他社会的人们过得要好。但是包容性的发展难道不会停滞在半路吗?我们的政治制度尽管有其不完美之处,但原则上还是包容性的。相比之下,我们的经济体系反而表现出愈发强烈的"汲取性"特征。中下阶层的收入多年来停滞不前,而资本所有权的利润和上层的收入却在上升。[3]当有权势的个人或有权势的个人支持的法人在经济世界中拥有唯一的发言权(以及为自己谋利的权利),我们还能期望这会对经济繁荣产生积

---

[1] 参见 Smith 1976 (III)。
[2] 有一种相反的论点认为,正是富有的赞助人促进了艺术的发展——文艺复兴时期佛罗伦萨的美第奇家族就是一个很好的例子。然而,这种论点最多只能说明,个别家族手中的一定财富如果以这种方式加以利用,就能带来艺术的繁荣,而不是说这是唯一的可能性。这与政治权利和影响力的分配毫无关系。
[3] 特别参见 Piketty 2013。

极影响吗？更不用说对整个社会的美好生活产生积极影响了。如果这些强大的经济领袖也对政治进程施加影响，[1]则政治领域也会存在从"包容性"向"汲取性"转变的危险。有些西方国家，特别是美国，已经在这条道路上走得如此之远，以至于"民主"一词似乎都不太适当了。如果我们不想走这条路，就必须对经济和政治权力的分配进行非常根本性的改革。

民主必须是活生生的实践，因此很难想象，这个成年人社会交往最耗时的地方——劳动世界会按照一种完全不同的逻辑运作。一些评论家早就放弃了将劳动世界作为民主实践的可能场所；他们指向了志愿劳动的"第三部门"或"公民社会"。[2]但目前还无法预见后者能成为经济的替代品和制衡力量，至少无法在劳动世界的组织仍像现在这样，即在很大程度上对资本方有利的情况下实现。因此，长期目标必须是以民主的方式夺回劳动世

---

[1] 巴斯·范·巴维尔（Bas van Bavel）将专制政体中的倾斜描述为历史规则，因此几乎是一种自然的必然。然而他的观念忽视了恰恰可以解决这些问题的人类行动的可能性。参见 Bavel 2016。
[2] 参见例如 Crouch 2011。

界：不搞教条主义，考虑到全球化世界复杂的框架条件，采取恰当的现实主义态度，但仍要以我们作为公民对权力行使（也包括对经济权力的行使）进行民主控制这一理想为导向！

自20世纪70年代以来，就流传着一个支持经济民主的古老论点——这涉及经济民主的心理影响。民主参与必须在日常生活中练就。如果我们在度过自己大部分时间的劳动中只经历了等级制度结构，那么我们又如何获得民主共决的能力呢？[1] 目前尚无实证表明这一论点是否站得住脚，[2] 然而许多研究也不清楚自己的方法究竟能够说明什么[3]。这是由于我们未能从实践中认识真正以民主方式组织的经济，到目前为止，只是在小范围内实施了民主的经济结构，无论是合作社还是其他合作的组织形式。

经济民主并非解决一切社会问题的灵丹妙

---

1 参见例如 Pateman 1970。
2 一些研究发现了劳动场所参与和政治参与之间存在联系（例如 Almond & Verba 1963; Kohn & Schooler 1983; Sobel 1993; Jian & Jeffres 2008）。这些研究后来受到了批评并通过复杂的研究进行了完善（例如 Greenberg, Grunberg & Daniel 1996）。
3 参见例如 Carter 2006。

药——就像其他改革建议一样。但笔者认为,从今天的角度来看,这似乎是为劳动世界诸多问题找到更好的解决方案和让有关人员参与这一进程最有希望的办法。新的数字化可能性提供了一个绝佳的机会,在不会遭受巨大效率损失的情况下,将民主实践引入经济世界。是时候试试了!

第六章

经济人还是社会人?
社会人的数字化劳动

不久前,笔者参加了欧洲一家著名商学院组织的活动。活动场面相当豪华,有新鲜的水果、丰盛的小吃和一本厚厚的、为每位参与者准备的、人造革封皮的笔记本。当打开它时,笔者不仅发现有常规填写自己姓名和地址的空行——这样笔记本一旦丢失就可以寄回给失主,而且下面还有一行字:"作为答谢,您将获得____美元的酬谢。"与其他参加活动的哲学学者一道,笔者思考了这个奇怪的想法,那就是人们为了找回笔记本到底会填写多少数额。笔者并不反对失主给拾得者酬金的原则,但在这里,这一想法似乎是在暗示人们仔细考虑,这个数额达到多少他们才会寄回拾到的笔记本。当然,那些在这类商学院中参加进修项目的"高管"们,在这一空白栏中会填上比大部分其他人更高的数额。

这一趣事中的讽刺意味在于:我们这些哲学学者受该商学院的邀请参加一个试验项目,即与经理人讨论道德及其在商业世界中的实施。因为即使在商学院这样一个以利润为导向的企业经济教学圣地，人们已经认识到，近几十年来所经历的那种没有约束的资本主义破坏了环境、割裂了社会，甚至也没有让那些看起来是赢家的人感到开心。该项目的所有参与者都意识到，经济体系不能简单地再这样继续下去了，而是亟须改变。然而，整个环境仍然表达出这个以利润为导向、以地位为象征的世界的旧有逻辑。包括笔记本的制造商都认为，如果没有精确的酬谢金额，人们绝不会愿意将笔记本归还给失主。

我们在商学院进行的对话从某种意义上反映了现阶段的情况：从理论上讲，几乎没有人仍然主张片面追求利润；要求加强市场约束的呼声逐年响亮。但经济世界的实践，尤其是对高层人士的培训，直至最细枝末节之处都仍然表达着"芝加哥学派"、哈佛商学院、像米尔顿·弗里德曼（Milton Friedman）和迈克尔·波特（Michael E. Porter）这样的经济学家向世界传达的信息：人是自利的，这是一件好事，利润导向最终将服务于社会；"贪婪"是正确的，拼命竞争是正确的。

从历史性角度来看，数字化转型发生在我们早已意识到经济的人类形象——仅以经济利益为导向的经济人（Homo oeconomicus）的片面性之时;而与此同时,这一人类形象仍然深深地根植于经济世界的结构和实践之中。因为有强大的利益集团坚持维护没有约束的资本主义制度。数字技术引发的变革导致原本可能隐藏于表面之下的冲突暴露出来。这些冲突不仅是不同群体之间的,而且也是不同价值观之间的。过去经过艰苦谈判达成的妥协破裂了;试图在不同价值观之间找到平衡点的努力常常不得不重新开始。最好的情况是,民主公众及其政治机构可以通过谈判达成与新技术现实相称的新妥协方案;最坏的情况是,最有权势的群体以牺牲整个社会为代价,无所顾忌地实施意图。

这种冲突也围绕着如下问题展开,即以何种人类形象引导即将进行的改革,因为不同的人类形象隐含着对什么构成了美好生活以及谁有权享受美好生活这一问题的不同答案。在一本装订精美的笔记本上,预设归还酬金的空白栏隐含着几十年来世界各地经济学院和商学院所教授的人类形象:人们按照经济激励行事,他们不是情绪化的,而是冷静算计自己的行为,所有的事情都必须(且可以)用美元来衡量。因此,目标是确定使人们去做他们应该做的事情的确切金额。这种观念并非**完全**错误,但它忽视了人类动机、人类需求和人类共存的许多方面。被忽视的清单很长,这里只提几个关键点:人们通常想要自己做正确的事情;他们根据具体情况采取十分不同的行动;有些事情是无法用金钱来衡量的。也许最重要的是,人是社会人,他们关心他人的福祉,特别是他们朋友和家人的福祉,并且寻求他人的认可。作为社会人,我们共同塑造我们的世界,而不只是自私地追求个人利益。

在塑造数字化转型的政治斗争中,也提出了这样一个问题:哪种人类形象能够引导数字化转型,当然还有哪些群体以何种方式从中受益?答案涉及社会的许多领域,比如社交媒体和"数字公共领域"、健康数据的使用或提升职场竞争力的教育和培训类平台等。然而,最激烈的争论可能是关于劳动世界的构建问题。我们会面临完全依赖机器及其所有者而进行无意义劳动的至暗场景吗?还是我们能够充满信心地展望未来的劳动世界,因为我们有充分的理由相信,它或许可以为子孙后代提供更好的生活?这可能在很大程度上取决于数字化转型是按照"经济人"的老调子进行,还是成功地塑造了符合人类社会本性的数字化转型。

一、劳动、团结、民主平等

人们为什么想劳动？他们最关心的似乎往往是收入。但除此之外，那些没有工作的人往往还缺乏一些东西：社会交往，走出有时相当狭窄的家庭和邻里圈子，遇到有着不同世界观和背景的人。当然，人们也可以通过参加俱乐部、教会团体或政党与人交往。然而，只要还存在这样一个雇佣劳动的世界，它就有潜力成为一个社会融合的场所，此外还给人们带来可靠的日常节奏，并通过社会期望产生约束。这并非偶然，我们社会中的许多边缘化人群，无论是难民还是无家可归者，他们最想要的就是一份工作：不仅是为了赚取自己的收入，也是为了成为在劳动世界中形成的社会网络的一部分。

埃米尔·杜尔凯姆为社会凝聚力的不同形式创造了两个概念。前现代社会所谓的"机械"团结是基于相似性原则：在这里，人们与他人的共同特征才有效，个人特征无法得到发展；而现代社会的"有机"团结则以差异性为基础：人们各司其职，相辅相成。杜尔凯姆根据这两种社会凝聚力形式各自伴随的法律形式，讨论了这两种形式的发展。

在"机械"团结中,"约束性法律"的作用是惩罚偏离共同准则的违法行为,而"有机"团结主要需要一种"恢复性法律",来调节劳动分工产生的合作关系。

每个社会都需要某种团结形式,作为社会凝聚力的基础,即使在一个越来越多的劳动由机器人和计算机程序支持甚至接管的社会亦是如此。劳动分工越是明确的社会就越需要,因为分工劳动的结构中存在许多破坏的机会。对于杜尔凯姆来说,回归"机械"团结并不值得向往,因为个体的个性可以在"有机"团结的现代社会中得到比在前现代社会中更好的发展,后者压制一切偏离准则的行为。"有机"团结是与现代劳动分工一起形成的,但只有在满足某些条件时。杜尔凯姆谈及,一定的"为生活而斗争的外部条件的平等"是必要的,以便各个个体的不同"功能"[1]可以有意义地相互连接起来;否则,"契约团结"(Vertragssolidarität)就会丧失,即遵守契约的意愿会丧失,那样就只能依靠"暴力或对暴力的恐惧"[2]才能得以保证了。

---

[1] 参见 Durkheim 1977, S.450。
[2] 参见上书, S.451。

杜尔凯姆就社会团结和社会公正之间的联系提出了一个有趣的观点。[1]为了让人们认为交换是公平的,其必须以"同等的社会价值"[2]进行。但不能**"先验地"**(a priori),即从实际交换关系中抽象出来,确定所交换商品或服务的价值。当行为者可以在没有强迫和不平等权力的情况下建立交换关系时,"等值"就出现了。但这是以个人的某种平等为前提的,否则"交换的道德条件"[3]就会被扭曲。所以,杜尔凯姆得出结论:"最先进社会的任务就是……实现公正。"[4]如果出现了不公正,进而产生了不平等的权力和依赖关系,那么越来越多的交换关系将会被视为不公平的。这一思路继续发展下去,一个劳动分工但不公正的社会最终会破坏其赖以生存的基础:所有人都愿意参与劳动分工、遵守契约,并且不以牺牲他人利益为代价来

---

1 另见 Herzog 2017。
2 这里存在对马克思主义劳动价值论的不同看法,而马克思主义劳动价值论正试图做到这一点:根据不同商品投入的劳动时间,先验地确定这些商品的价值。如前所述,是否可能以及如何精确进行这种计算,仍然存在极大争议,尤其当人们考虑到自然资源的作用和劳动形式的多样性时。相关讨论参见例如 Blaug 1996 (Kap.7)。
3 Durkheim 1977, S.452 f.
4 同上书, S.457。

利用机会进行投机行为。

数字化社会也必须扪心自问：是允许它完全分裂成不同的阶层，无论是在劳动世界或在其他生活领域，还是存在一些人们可以在其中保持自身差异性，但又能以社会平等成员身份相处的领域？劳动世界可以是这样一个地方吗？还是它首先是一个充满强制性和等级制度的地方？当然，如果总体上社会不平等现象在加剧，这也势必会对劳动世界造成影响。人们可以就什么程度的不平等是合理的[1]争论很久；但德国目前存在的不平等现象十分严重，大部分民众，也包括较高收入者在内都已对此形成共识。关于征收遗产税、修改所得税制度[2]以及改善低收入家庭子女受教育机会的建议已经讨论了很多年。为了对一个起到社会一体化作用而非分裂作用的劳动世界产生进一步的间接影响，人们也迫切需要解决这些问题。

前不久，记者阿德里安·洛伯（Adrian Lobe）

---

[1] Zacharakis 2016.
[2] 安妮·阿特金森（Anthony B. Atkinsons）的《不平等：我们能做什么？》(Inequality: What Can Be Done?)一书包含了精彩的分析（尽管重点是英国）以及一系列发人深省的政策建议，参见 Atkinson 2015。

描绘了一个我们或许要面对的恐怖场景,我们是否正在走向这样一种未来:只有少数上等阶层才能享受真正由人类提供的服务,而其余的民众不得不满足于拙劣的数字替代品、自动化的咨询系统、仅通过在线课程接受教育、只通过 Whatsapp 与同事共事、去虚拟世界而不是其他国家旅行?[1] 人与人之间的接触,这个共同劳动世界的伟大承诺,真的会成为少数人的特权,而其他人则被剥夺了这种权利吗?

归根结底,关键是社会信任的可能性。我能信任一个我知道受到不公平待遇的人吗?例如他的老板让他做了远超合同规定的工作,而他却无法采取行动应对。我能信任一个因为富有而觉得自己享有特权,从而自然而然认为自己的权利比我的权利更重要的人吗?我能信任一个我必须假定他如果没有使出全身解数去斗争就没有机会胜诉的人吗?因为对竞争监管不力,那些拥有更多数据的人占据不公平的起始优势。我能信任一个被迫陷入极端短期思维的人吗?因为他自己的收

---

[1] 参见 Lobe 2017。Lobe 提到了英国记者 Edward Luce 的一些思考。

入取决于短期衡量的、由算法错算的指标,其与出色工作几乎没什么关系。我能信任一个没什么可失去的人吗?因为他觉得如果下一笔生意不成功,他反正都会崩溃的。这些问题不仅关系到与我自身利益相关的信任,而且也关系到与此相关的信任,即我不会因为其他人出于自私或疏忽没有完成好自己分内的工作而被卷入道德上有问题的做法之中。

正在销蚀的信任无法承载一个劳动分工的社会。因为如果人们不能相互信任的话,就需要耗费大量的金钱、时间和精力来保障自己,而这也使人与人之间交往的乐趣无从谈起。俗话说:信任是好的,控制则更好。但是过多的控制或构建不当的控制会破坏信任,[1]特别是当它表达了这样一种人类形象,即从根本上假定了对方最坏的意图。将劳动世界嵌入一个个人能够去信任,并且不会因信任而受到惩罚的环境中,这才是更明智的做法。杜尔凯姆在19世纪90年代就已经认识到,如果社会不平等现象变得过于严重,这就是不可能实现的。

---

1 参见 Frey 1997。

杜尔凯姆设想的正面图景是,在劳动世界中存在迥异的人,并且他们懂得彼此尊重对方所做的贡献。人们不能完全自由地选择与谁共事,这一事实有其令人不快的一面,但也可以使人们跨越社会阶层、居住区、世界观和种族的界限,遇到在自己的家庭和自主选择的朋友圈中永远不会遇到的人。[1] 人们可以体验到共同完成某件事的意义:一起商讨人们何去何从的问题,寻求妥协并相互帮助。同事关系是一种特殊的人类相处形式,如果没有它,我们的生活会枯燥得多。

在人们广泛讨论"回音室"(Echokammern)和社会瓦解为不同领域的时代,放弃作为社会融合场所的劳动世界,比如以无条件的基本收入来应付边缘化群体,这是有风险的。相反,这一运动必须朝着另一个方向发展:平等地实现更多的融合和参与。劳动世界中的象征性和经济等级制度以及与之相伴的阶级构成早已发展到了与所有个体基本平等的民主理解相矛盾的程度。但坐着豪华轿车从别墅到办公室的老板或顾问们,并没有比那些在他们下班后清理垃圾桶的清洁工或按应用

---

[1] 参见 Estlund 2003。

程序指令送餐的外卖员更有价值。至于他们当中谁"贡献"更多、谁的工作业绩和收入之间有着更适当的关系,这些都是可以争论的。如果没有数字化变革,我们或许还可以对宪法的廉价承诺与当今劳动世界现实之间的差距视而不见几年。但这一变革迫使我们展现自己的色彩——希望我们能选择正确的方向!

二、我们想如何劳动?我们要怎样生活?

未来的劳动世界应该是什么样的?这个问题对未来的生活世界有着深远的影响。我们的日常生活会是怎样的?我们会遇到哪些人?他们来自哪些社会阶层?我们能和其他人一起规划我们的时间,还是奴役般地被计算机设定的日程所束缚?我们能够参与事情的安排,还是工作就意味着被动地执行命令?这对我们来说意味着什么?这对我们与其他人打交道以及我们生活的其他领域产生什么影响?特别是,哪些游戏规则适用于谁?劳动世界中不同的角色设定是为了让我们在工作场合之外依然能够以平等的身份相遇,还是更加巩固了阶级和阶层之间的差异,以至于在某个时候,人们不再清楚在同一个社会中共同生活还意味着什么?

劳动对我们来说意味着什么主要取决于我们如何劳动。我们面临的任务是,从政治上对提出的问题进行回答。当人们这样要求的时候,往往会遭到如下的反对意见:对劳动世界的构建不是国家的任务。国家必须保持中立,它不允许对某些价值决定有优待,例如决定从事一份不能带来最高收入但却能带来职业成就感的工作。或者还有人说,协调劳动供求关系以及提供不同形式的劳动是市场的任务,最多也算是劳资双方的任务。

但这些论点都站不住脚。因为市场和劳资双方都在国家政策提供的框架内运作。这一框架不可避免地包含了一定的价值判断。举一个鲜明的例子:刑法法典出于充分的理由不允许职业杀手(Auftragsmörder)这个职业存在。在其他方面,政治也塑造了劳动市场,例如为公司提供不同的法律形式、确立最低工资标准和界定雇主和雇员相互之间的权利与义务。最后,但同样重要的一点是,国家通过税收制度中的财政激励措施来影响提供或不提供哪些劳动形式。这不仅适用于直接针对劳动收入征收的税费,也适用于税收制度产生的间接影响,例如鼓励投资可再生能源,从而在这些领域创造新的就业机会。

运用这些政治杠杆并不是"反市场经济",至多是"反资本主义",即加强了非金融投资者(即绝大多数民众)的权利。近几十年来,民主和资本主义之间脆弱的平衡越来越向资本主义方向倾斜。这通常因所谓的别无选择而合法化。如果这一趋势得不到扭转,那么数字化转型也会由资本主义而非民主来控制:这有利于那些大型互联网公司的顶层人员或可以将其资本投资于新生产方式的人,而以牺牲那些必须靠工作收入生活的人的利益为代价。如果这种情况不受遏制,那么民主在未来是否还能反抗资本主义,或者是否会露出真相,就像左翼批评家们所断言的那样,仅仅是一种表象,一种反映经济世界权力关系的上层建筑(Überbau)。这些都是成问题的。

笔者在第五章解释了为什么为未来的劳动世界斗争的核心必须是积极加强具有参与性的、民主的组织形式。如果没有政治上的支持,这些组织形式即使因新的通信技术而变得更容易实现,也很难在纯利润导向的逆风中得以实施。但如果只从表面上改变通信结构,而不改变更深层的权力和决策结构,我们将会错失一个历史性的机遇。民主选举产生的代表和政治机构可以建立一个框架,在这个框架中可以检验新的组织和协调形式。一旦我们对哪些形式是有效的这个问题有了更多的了解,就可以在有充分依据的基础上引入新的机制,使其成为所有企业的义务,而不必担心会引起太大的动荡。

政治控制的第二种可能性是对劳动和资本征税。我们可以利用税收制度来回答一个社会的核心问题:哪些劳动形式才是真正有价值的?哪些领域应该保留人类劳动,哪些领域可以由机器人接管?在未来,算法很可能会比人类更好地完成某些任务,但哪些任务是真正如此的?以及谁来定义这些任务的实际内容?例如,抚养孩子或照顾老人是仅涉及完成某些步骤,而这些步骤有朝一日可以由机器人接手,还是也涉及人际尊重?学术教学是为了填鸭式地灌输内容(这也可以通过线上视频和选择题测试来教授),还是为了传授批判性思维和职业精神?

如果我们作为社会成员,想要不仅以成本压力和效率考量来决定在何处让算法和机器人取代人,那么我们在此处须采取对策。具体来说,可以对不同的劳动形式征收不同等级的税,根据希望它在多大程度上由人类完成;可以提高对算法、计算机或机器人征收的资本税——最好是在欧盟层面,以防止这些活动转移到其他国家。在一个理想世界中,这将发生在全球层面,但在目前这可能还是一个乌托邦。如果一些观察家预见到的场景出现,即失业率阶段性急剧上升[1],那么国家组织的就业模式,特别是在社会领域的就业模式,也将重新变得重要;因此,令人欣慰的是,一些政治家敢于推动促进这一领域的试验。

在当今的工作生活中,外在看起来卓越的时刻,如升职、完成项目,和对人们来说最重要的时刻往往是割裂的。真正重要的、能打动个人的,通常不是外在的成功,而是那些看似不起眼,但人们多年以后仍然记得的事件,如一次来之不易的知识突破、找到某一问题的解决方案、一个在最后一刻才意识到并得以避免的危险等。这些时刻大多与人们和他人共同的经历有关:克服困难、达成妥协、提供帮助以及得到同事们的认可。它们能够真正判断人们的工作有多出色。

---

[1] 参见例如 Rudzio 2018。

这一切都无法规划、无法施展魔法甚至无法下达命令,但是我们能以这样一种方式塑造劳动世界,大概率使这些经历成为可能:不是仅针对少数特权阶层,而是针对所有从业者。任何一个计算机程序的捷报都不能取代客户对好产品的感激之情,任何一个调度程序都不能像人类老板那样懂得对员工所付出的努力进行赞赏。让我们用算法、计算机和机器人来完成劳动中最不人性化的部分,如日常例行的苦差事、体力活和吃力不讨好的形式主义琐事。但是,让我们将劳动世界保持为一个适合智人的世界——一个适合社会人的世界,其人际交往永远不会被技术所取代。

参考文献

书籍和论文

Abbott, Andrew (1991): »The Future of Professions: Occupation and Expertise in the Age of Organizations«, in: *Research in the Sociology of Organizations* 8, S. 17 - 42.

Acemoğlou, Daron & Robinson, James A. (2012): *Why Nations Fail. The Origins of Power, Prosperity, and Poverty* (《国家为何衰落：能源、财富与贫困的起源》), New York.

Ackermann, Thomas (2017): »Unternehmen als Grundrechtssubjekte. Zur verfassungsrechtlichen Transformation privatrechtlicher Formen nicht-individueller Unternehmensträger«, S. 113 - 146 in: Susanne Baer, Oliver Lepsius, Christoph Schönberger et al. (Hrsg.), *Jahrbuch des Öffentlichen Rechts der Gegenwart* (《当代公法年鉴》), Band 65, o.O.

Alchian, Armen A. & Demsetz, Harold (1972): »Production, Information Costs, and Economic Organization« (《生产、信息成本和经济组织》), in: *American Economic Review* (《美

国经济评论》) 62, S.777 – 795.

Almond, Gabriel & Verba, Sidney (1963): *The Civic Culture: Political Attitudes and Democracy in Five Nations*(《公民文化：五个国家的政治态度和民主制度》), Princeton.

Alperovitz, Gar & Daly, Lew (2008): *Unjust Deserts: How the Rich are Taking Our Common Inheritance*, New York.

Anderson, Elizabeth (1999): »What Is the Point of Equality?«, in: *Ethics* 109(2), S.287 – 337.

Anderson, Elizabeth (2017): *Private Government. How Employers Rule Our Lives (and Why We Don't Talk about It)*, Princeton.

Angwin, Julia; Larson, Jeff; Mattu, Surya & Kirchner, Lauren (2016): »Ma- chine Bias. There's software used across the country to predict future criminals. And it's biased against blacks«, in: *Pro Publica* vom 23.5.2016.

Applebaum, Arthur Isak (1999): *Ethics for Adversaries. The Morality of Roles in Public and Professional Life*, Princeton.

Arendt, Hannah (1963): *Eichmann in Jerusalem. A Report on the Banality of Evil*(《艾希曼在耶路撒冷：一份关于平庸的恶的报告》), New York.

Arendt, Hannah (2002) [engl. Orig. 1960]: *Vita activa oder Vom tätigen Leben*(《人的境况》), München/Zürich.

Arnold, Samuel (2012), »The Difference Principle at Work«, in: *The Journal of Political Philosophy*(《政治哲学杂志》)

20 (1), S.94 – 118.

Astheimer, Sven (2017): »Freizeit ist die neue Währung«, in: *Frankfurter Allgemeine Zeitung* (《法兰克福汇报》) vom 26.10.2017, URL http://www.faz.net/aktuell/beruf-chance/beruf/kommentar-freizeit-ist-die-neue-waehrung-15254472.html [2018.10.9].

Atkinson, Anthony B. (2015): *Inequality: What Can Be Done?* (《不平等：我们能做什么》), Cambridge.

Baier, Katharina (2014): »Mozart und Salieri: Keine Gegenspieler, sondern Kollegen«, in: *Kurier*, vom 2.2.2014, URL https://kurier.at/kultur/mozart-und-salieri-keine-gegenspieler-sondern-kollegen/49.253.906 [2018.6.22].

Bakan, Joel (2004): *The Corporation. The Pathological Pursuit of Profit and Power* (《公司：对利润与权力的病态追求》), London.

Barocas, Solon & Selbst, Andrew D. (2016): »Big Data's Disparate Impact«, in: *California Law* Review (《加州法律评论》) 104, S.671 – 732.

Bartmann, Christoph (2012): *Leben im Büro. Die schöne neue Welt der Angestellten* (《办公室人生——雇员的美丽新世界》), München.

Bavel, Bas van (2016): *The Invisible Hand? How Market Economies have Emerged and Declined Since AD 500*, Oxford.

Bazerman, Max H. & Tenbrunsel, Ann E. (2011): *Blind Spots. Why We Fail to Do What's Right and What to Do about It* (《盲点：有限道德与企业行为》), Princeton.

Becker, Lisa (2017): »Klassenzimmer statt Büro«, in: *Frankfurter Allgemeine Zeitung* (《法兰克福汇报》) vom 29.10.2017, URL http://www.faz.net/aktuell/beruf-chance/beruf/viele-schaffen-als-lehrer-den-quereinstieg-15265494-p3.html [2018.10.12].

Beschorner, Thomas & Kolmar, Martin (2018): »Die Gefahr durch Facebook wurde zu lange ignoriert«, in: *Die ZEIT* (《时代周报》) vom 28.3.2018.

Bitner, Richard (2008): Confessions of a Subprime Lender: An Insider's Tale of Greed, Fraud, and Ignorance (《次贷放贷商的回忆录》), Hoboken.

Blair, Margaret M. & Stout, Lynn A. (1999): »A Team Production Theory of Corporate Law«, in: *Virginia Law Review* (《弗吉尼亚法学评论》) 85 (2), S.247-328.

Blanc, Sandrine (2014): »Expanding Workers' ›Moral Space‹: A Liberal Critique of Corporate Capitalism«, in: *Journal of Business Ethics* (《商业伦理期刊》) 120, S.473-488.

Blaug, Mark (1997): *Economic Theory in Retrospect* (《经济理论的回顾》), 5.Auflage, Cambridge.

Boltanski, Luc & Chiapello, Ève (1999): *Le nouvel esprit du capitalism* (《资本主义的新精神》), Paris.

Booth, Robert (2017): »Workers' feelings of powerlessness fuelling anger, says job tsar«, in: *The Guardian* (《卫报》) vom 13.2.2017, URL https://www.theguardian.com/money/2017/feb/13/workers-feelings-of-powerlessness-fuelling-anger-says-jobs-tsar [2018.10.8].

Bovens, Marc (1998): *The Quest for Responsibility. Accountability and Citizenship in Complex Organisations*, Cambridge.

Bowles, Samuel & Gintis, Herbert (1993): »A Political and Economic Case for the Democratic Enterprise«, in: *Economics and Philosophy* (《经济学与哲学》) 9, S.75 – 100.

Breen, Keith (2015): »Freedom, Republicanism, and Workplace Democracy«, in: *Critical Review of International Social and Political Philosophy* 18 (4), S.470 – 485.

Brownlee, Kimberley (2012): *Conscience and Conviction: The Case for Civil Disobedience*, Oxford.

Bühl, Walter L. (1998): Verantwortung für Soziale Systeme. Stuttgart.

Burns, Tom (1961): »Micropolitics: Mechanism of Institutional Change«, in: *Administrative Science Quarterly* (《管理科学季刊》) 6, S.257 – 281.

Campbell, Donald T. (1976): »Assessing the Impact of Planned Social Change«, in: *Occasional Paper Series*, Hanover.

Campolo, Alex; Sanfilippo, Madelyn; Whittaker, Meredith &

Crawford, Kate (2017): *AI Now 2017 Report*, URL https://ainowinstitute.org/AI_Now_2017_Report.pdf [2018.6.4]

Carpenter, Julia (2015): »Google's algorithm shows prestigious job ads to men, but not to women. Here's why that should worry you«, in: *The Washington Post* (《华盛顿邮报》) vom 6.7.2015.

Carter, Neil (2006): »Political Participation and the Workplace: The Spill-over Thesis Revisited«, in: *The British Journal of Politics & International Relations* (《英国政治与国际关系杂志》) 8 (3), S.410-426.

Carrington, Damian (2017): »38 000 people a year die early because of diesel emissions testing failures«, in: *The Guardian* (《卫报》) vom 15.5.2017, URL https://www.theguardian.com/environment/2017/may/15/diesel-emissions-test-scandal-causes-38000-early-deaths-year-study [2018.10.12].

Chandler, Alfred D. (1977): *The Visible Hand. The Managerial Revolution in American Business* (《看得见的手：美国企业的管理革命》), Cambridge.

Chen, Michelle (2016): »Worker Cooperatives Are More Productive Than Normal Companies«, in: *The Nation* (《国家》) von 28.3.2016, URL https://www.thenation.com/article/worker-cooperatives-are-more-productive-than-normal-companies/ [2018.10.12].

Chen, Victor T. (2016): »The Spiritual Crisis of the Modern Economy«, in: *The Atlantic* (《大西洋月刊》) vom 21.12.2016, URL https://www.theatlantic.com/business/archive/2016/12/spiritual-crisis-modern-economy/511067/ [2018.10.9].

Ciepley, David (2004): »Authority in the Firm (and the Attempt to Theorize it Away)«, in: *Critical Review* 16 (1), S.81–115.

Ciepley, David (2013): »Beyond Public and Private: Toward a Political Theory of the Corporation«, in: *American Political Science Review* (《美国政治科学评论》) 107 (1), S.139–158.

Citron, Danielle K. (2007): »Technological Due Process«, in: *Washington University Law Review*, S.1249–1313.

Coase, Ronald H. (1937): »The Nature of the Firm«, in: *Economica*, *New Series* 4 (16), S.386–405.

Corino, Eva (2018): *Das Nacheinander-Prinzip. Vom gelasseneren Umgang mit Familie und Beruf*, Berlin.

Crouch, Colin (2011): *The Strange NonDeath of Neoliberalism* (《新自由主义不死之谜》), Cambridge.

Crouch, Collin (2016): *The Knowledge Corrupters: Hidden Consequences of the Financial Takeover of Public Life* (《公众生活中的金融接管所带来的隐藏后果》), Cambridge.

De Bruin, Boujewijn (2015): *Ethics and the Global Financial Crisis: Why Incompetence is Worse than Greed*, Cambridge.

DesAutels, Peggy (2004): »Moral Mindfulness«, in: Peggy DesAutels & Margaret Urban Walker (Hrsg.), *Moral Psychology: Feminist Ethics and Social Theory*, S.69 – 81.

Dostojewski, Fjodor (2006) [russ. Orig. 1864]: *Aufzeichnungen aus dem Kellerloch*（《地下室手记》）, Frankfurt a.M.

Downs, Anthony (1967): *Inside Bureaucracy*（《官僚制内幕》）, Boston.

Durkheim, Émile (1977) [fr. Orig. 1893]: *Über soziale Arbeitsteilung. Studie über die Organisation höherer Gesellschaften*, Frankfurt a.M.

Erfurt Sandhu, Philine (2014): *Selektionspfade im Topmanagement*, Wiesbaden.

Estlund, Cynthia (2003): *Working Together. How Workplace Bonds Strengthen a Diverse Democracy*, New York.

Eubanks, Virginia (2017): *Automating Inequality. How HighTech Tools Profile, Police, and Punish the Poor*, New York.

Eucken, Walther (1952): *Grundsätze der Wirtschaftspolitik*（《经济政策原理》）, Bern/Tübingen.

Ferreras, Isabelle (2007): *Critique politique du travail. Travailler à l'heure de la société des services*, Paris.

Ferreras, Isabelle (2017): *Firms as Political Entities. Saving Democracy through Economic Bicameralism*, Cambridge.

Fishkin, James (2009): *When the People Speak. Deliberative*

Democracy and Public Consultation（《倾听民意：协商民主与公众咨询》），Oxford.

Foster, John B. (2017)：»The Meaning of Work in a Sustainable Society«, in: *Monthly Review* 69 (04), URL https://monthlyreview.org/2017/09/01/the-meaning-of-work-in-a-sustainable-society/ [2018.10.9].

Frank, Robert H. (2002): *Microeconomics and Behavior*（《微观经济学和行为》），Boston.

Frey, Bruno S. (1997): *Not Just for the Money: An Economic Theory of Personal Motivation*, Cheltenham.

Frey, Carl B. & Osborne, Michael (2013): *The Future of Employment*（《就业的未来》），Oxford.

Fung, Archon (2003)：»Survey Article: Recipes for Public Spheres: Eight Institutional Design Choices and Their Consequences«, in: *The Journal of Political Philosophy* 11 (3), S.338 – 367.

Gächter, Simon & Schulz, Jonathan F. (2016)：»Intrinsic Honesty and the Prevalence of Rule Violations Across Societies«, in: *Nature* vom 9.3.2016, URL www.nature.com/articles/nature17160 [2018.10.16].

Gautier, David (1987): *Morals by Agreement*（《协议道德》），Oxford.

Gamperl, Elisabeth; Langhans, Katrin; Much, Mauritius et al. (2017)：»Paradise Papers – Die Schattenwelt des großen Geldes《, in: *Projekte Süddeutsche Zeitung* vom 5.11.2017（bearbeitet am 15.11.2018）, URL https://projekte.sueddeutsche.de/paradisepapers/politik/das-ist-das-leak-e229478/［2017.10.18］.

Gehlen, Arnold（1940）: *Der Mensch: Seine Natur und seine Stellung in der Welt*（《人,他的本性及在世界上的地位》）, Bonn.

Gheaus, Anca & Herzog, Lisa（2016）: »The Goods of Work (other than Money!)«, in: *Journal of Social Philosophy*（《社会哲学杂志》）47 (1), S.70 - 89.

Ghoshal, Sumantra（2005）: »Bad Management Theories Are Destroying Good Management Practices«, in: *Academy of Management Learning & Education* 4 (1), S.75 - 91.

Gill, Matthew（2009）: *Accountants' Truth. Knowledge and Ethics in the Financial World*, Oxford.

Global Compact Netzwerk Deutschland（Hrsg.）: »Arbeitsstandards 2.0. Flexibilisierung, Optimierung oder Marginalisierung«, URL https://www.globalcompact.de/de/tnk18/expert-papers/ExpertPapers-Arbeit-2.0.pdf［2018.6.4］.

Gould, Carol（1989）: *Rethinking Democracy: Freedom and Social Cooperation in Politics, Economy, and Society*（《反思民主：政治、经济和社会中的自由与社会合作》）, Cambridge.

Graeber, David（2013）: »On the Phenomenon of Bullshit Jobs«,

in: *Strike!* vom 23.8.2013, URL https://strikemag.org/bullshit-jobs/ [2018.10.8].

Graeber, David (2018): *Bullshit Jobs: Vom wahren Sinn der Arbeit*, Stuttgart.

Greenberg, Edward S.; Grunberg, Leon & Daniel, Kelley (1996): »Industrial Work and Political Participation: Beyond ›Simple Spillover‹«, in: *Political Research Quarterly*（《政治研究季刊》）49 (2), S.305 – 330.

Habermas, Jürgen (1981): *Theorie des kommunikativen Handelns*（《交往行为理论》）, Band 2, Frankfurt a.M.

Habermas, Jürgen (1985): *Die neue Unübersichtlichkeit. Kleine Politische Schriften V*, Frankfurt a.M.

Hacker, Jakob (2006): *The Great Risk Shift. The Assault on American Jobs, Families, Health Care, and Retirement And How You Can Fight Back*, New York.

Haenschen, Katherine (2017): »If Mark Zuckerberg runs for president, will Facebook help him win?«, in: *The Guardian* vom 9.9.2017, URL https://www.theguardian.com/commentisfree/2017/sep/09/mark-zuckerberg-president-facebook-algorithm [2018.10.8].

Hall, Peter A. & Soskice, David (2001): »An Introduction to Varieties of Capitalism«, S. 1 – 71 in: Dies. (Hrsg.), *Varieties of Capitalism. The Institutional Foundations of Comparative Advantage*, Oxford.

Harari, Yuval Noah (2017): *Homo Deus. Eine Geschichte von Morgen* (《未来简史》), München.

Hardin, Garrett (1968): »The Tragedy of the Commons« (《公地悲剧》), in: *Science* (《科学》) 162 (3859), S.1243 – 1248.

Haynes, Alex B.; Weiser, Thomas G. & Berry, William R. et al. (2009): »A Surgical Safety Checklist to Reduce Morbidity and Mortality in a Global Patient Population«, in: *New England Journal of Medicine* 360 (5), S. 491 – 499.

Heath, Joseph; Moriarty, Jeffrey & Norman, Wayne (2010): »Business Ethics and (or as) Political Philosophy«, in: *Business Ethics Quarterly* 20 (3), S.427 – 452.

Hegel, Georg W. F. (1986) [Orig. 1837]: *Vorlesungen über die Philosophie der Geschichte* (《历史哲学讲演录》), Frankfurt a.M.

Hegel, Georg W. F. (1980) [Orig. 1807]: *Phänomenologie des Geistes* (《精神现象学》), Hamburg.

Heidbrink, Ludger (2003): *Kritik der Verantwortung. Zu den Grenzen verantwortlichen Handelns in komplexen Kontexten*, Weilerswist.

Henderson, Rebecca & Gulati, Ranjay & Tushman, Michael (Hrsg.) (2015): *Leading Sustainable Change: An Organizational Perspective*, Oxford.

Herzog, Lisa (2017): »Durkheim on Social Justice: The Argument from ›Organic Solidarity‹«, in: *American Political*

Science Review 112 (1), S.112 - 124.

Herzog, Lisa (2014): *Freiheit gehört nicht nur den Reichen. Plädoyer für einen zeitgemäßen Liberalismus* (《自由不仅仅属于富人：对现代自由主义的辩护》), München.

Herzog, Lisa (2013): *Inventing the Market. Smith, Hegel, and Political Theory* (《创造市场：史密斯、黑格尔与政治理论》), Oxford.

Herzog, Lisa (2017): »Professional Ethics in Banking and the Logic of ›Integrated Situations‹: Aligning Responsibilities, Recognition, and Incentives«, in: *Journal of Business Ethics* (《商业伦理期刊》) (Online First).

Herzog, Lisa (2018): *Reclaiming the System. Moral Responsibility, Divided Labour, and the Role of Organizations in Society*, Oxford.

Herzog, Lisa (2011): »Wer sind wir, wenn wir arbeiten? Soziale Identität im Markt bei Smith und Hegel«, in: *Deutsche Zeitschrift für Philosophie* (《德国哲学杂志》) 59 (6), S.835 - 852.

Hickson, James (2018): »Trade Unions and the Social Foundations of Good Work«, in: *The RSA*, URL https://www.thersa.org/discover/publications-and-articles/rsa-blogs/2018/05/trade-unions-and-the-social-foundation-of-good-work♯ [2018.6.22].

Hirschman, Albert O. (1970): *Exit, Voice, and Loyalty:*

Responses to Decline in Firms, *Organizations*, *and States*, Cambridge.

Honegger, Claudia; Neckel, Sighard & Magnin, Chantal (2010): *Strukturierte Verantwortungslosigkeit. Berichte aus der Bankenwelt*, Berlin.

Honoré, Antony M. (1961): »Ownership«, S. 107–147 in: Anthony G. Guest (Hrsg.), *Oxford Essays in Jurisprudence*, Oxford.

Hsieh, Nien-hê (2005): »Rawlsian Justice and Workplace Republicanism«, in: *Social Theory and Practice* 31 (1), S. 115–142.

Hsieh, Nien-hê (2007): »Managers, Workers, and Authority«, in: *Journal of Business Ethics*（《商业伦理期刊》）71 (4), S. 347–357.

Hsieh, Nien-hê (2008): »Justice in Production«, in: *Journal of Political Philosophy*（《政治哲学杂志》）16 (1), S. 72–100.

Hübscher, Marc C. (2011): *Die Firma als Nexus von Rechtfertigungskontexten. Eine normative Untersuchung zur rekursiven Simultaneität von Individuen und Institutionen in der Governanceethik*, Marburg.

Isiksel, Turkuler (2016): »The Rights of Man and the Rights of the Man-Made: Corporations and Human Rights«, in: *Human Rights Quarterly*（《人权季刊》）38 (2), S. 294–349.

Irwin, Neil (2016): »With ›Gigs‹ Instead of Jobs, Workers Bear New Burdens«, in: *The New York Times* (《纽约时报》) vom 31.3.2016.

Jackall, Robert (1988): *Moral Mazes. The World of Corporate Managers*, New York & Oxford.

Jensen, Michael C. & Meckling, William H. (1976): »Theory of the Firm: Managerial Behavior, Agency Costs, and Ownership Structure«, in: *Journal of Financial Economics* (《金融经济学刊》) (3), S. 305 – 350.

Jian, Guowei & Jeffres, Leo W. (2008): »Spanning the Boundaries of Work: Workplace Participation, Political Efficacy, and Political Involvement«, in: *Communication Studies* 59 (1), S. 35 – 50.

Jubb, Robert (2008): »Basic Income, Republican Freedom, and Effective Market Power«, in: *Basic Income Studies* (《基本收入研究》) 3 (2), S. 1 – 19.

Kantor, Jodi: »Working Anything but 9 to 5. Scheduling Technology Leaves Low-Income Parents With Hours of Chaos«, in: *New York Times* vom 13. 8. 2014, URL https://www.nytimes.com/interactive/2014/08/13/us/starbucks-workers-scheduling-hours.html [2018.6.4].

Kaptein, Muel & Wempe, Johan (2002): *The Balanced Company: A Theory of Corporate Integrity*, Oxford.

Keynes, John M. (1963) [Orig. 1931]: »Economic Possibilities for our Grandchildren«(《我们后代在经济上的可能前景》), S.358 – 373 in: *Essays in Persuasion*(《劝说集》), New York.

Kim, Pauline T. (2017): »Data-Driven Discrimination at Work«, in: *William & Mary Law Review*(《玛丽威廉法律评论》) 58 (3), S.857 – 936.

Kocher, Martin G. et al. (2008): »Conditional cooperation on three continents«, in: *Economic Letters*(《经济学快报》) 101 (3), S.175 – 178.

Kohn, Melvin & Schooler, Carmi (1983): *Work and Personality: An Inquiry into the Impact of Social Stratification*, Norwood.

Kulwin, Noah: »The Internet Apologizes ... «, in: *New York Magazine* vom 13. 4. 2018, URL http://nymag.com/selectall/2018/04/an-apology-for-the-internet-from-the-people-who-built-it.html [2018.10.9].

Kunda, Gideon (1996): *Engineering Culture*, Philadelphia.

Küpper, Willi & Ortmann, Günther (Hrsg.) (1992): *Mikropolitik. Rationalität, Macht und Spiele in Organisationen*, 2., durchgesehene Auflage, Opladen.

Kutz, Christopher (2000): *Complicity. Ethics and Law for a Collective Age*, Cambridge.

Landemore, Hélène & Ferreras, Isabelle (2016): »In Defense of Workplace Democracy: Towards a Justification of the Firm-State Analogy«, in: *Political Theory*(《政治理论》)

44 (1), S.53 - 81.

Lenzen, Manuela (2018): *Künstliche Intelligenz. Was sie kann & was uns erwartet*（《人工智能——它们会什么以及等待我们的会是什么》）, München.

Lichtblau, Eric (2018): »The Untold Story of the Pentagon Papers Co-Conspirators«, in: *The New Yorker*（《纽约客》）vom 29.1.2018, URL https:/www.newyorker.com/news/news-desk/the-untold-story-of-the-pentagon-papers-co-conspirators [2018.10.9].

Lobe, Adrian (2017): »Wer leistet sich den Menschen?«, in: *Die Zeit*（《时代周报》）vom 4.2.2017, URL https://www.zeit.de/kultur/2017-02/automatisierung-pflege-roboter-prekariat-soziale-spaltung/komplettansicht [2018.10.15].

Lomansky, Loren (2011): »Liberty after Lehman Brothers«, in: *Social Philosophy and Policy*（《社会哲学与政策》）28 (2), S.135 - 165.

Mandis, Steven G. (2013): *What Happened to Goldman Sachs? An Insider's Story of Organizational Drift and its Unintended Consequences*, Boston.

Mansbridge, Jane (1983): *Beyond Adversary Democracy*（《超越对手式民主》）, Chicago.

Markides, Costas (2014): »Maximizing shareholder value and other silly ideas«, in: *The Ghoshal Blog* vom 22.3.2014, URL http://blog.faculty.london.edu/strategyandentrepreneurship/

2014/03/22/maximizing-shareholder-value-and-other-silly-ideas/ [2018.10.22].

Marx, Karl & Engels, Friedrich (1972) [1848]: »Manifest der Kommunistischen Partei«(《共产党宣言》), S.459 – 493, in: Dies., *Marx-Engels-Werke*(《马克思恩格斯全集》), Band 4, Berlin.

Marx, Karl (1969) [1846]: »Die Deutsche Ideologie«(《德意志意识形态》), in: Dies., *Marx-Engels-Werke*, Band 3, Berlin.

Mason, R. (1982): *Participatory and Workplace Democracy*, Carbondale.

Mayer, Colin (2013): *Firm Commitment. Why the Corporation is Failing Us and How to Restore Trust in It*(《公司的承诺——解构信任危机,重塑社会信任》), Oxford.

McDonnell, Brett H. (2008): »Employee Primacy, or Economics Meets Civil Republicanism at Work«, in: *Stanford Journal of Law, Business & Finance* 13 (2), S.334 – 83.

McLannahan, Ben (2016). »Charge senior bank bosses, says former commissioner«, in: *Financial Times*(《英国金融时报》) vom 9.2.2016.

McMahon, Christopher (1994): *Authority and Democracy. A General Theory of Government and Management*, Princeton.

McMahon, Christopher (2013): *Public Capitalism. The*

Political Authority of Corporate Executives, Philadelphia.

Miller, Arthur (1957): *All My Sons*, S.58 – 127 in: *Collected Plays*, Volume I, New York.

Miller, Seumas (2010): *The Moral Foundations of Social Institutions. A Philosophical Study*, New York.

Mitchell, Lawrence E. (2001): *Corporate Irresponsibility. America's Newest Export*, New Haven/London.

Mokyr, Joel (2004): The Gifts of Athena. Historical Origins of the Knowledge Economy (《雅典娜的礼物：知识经济的历史起源》), Princeton.

Muller, Jerry Z. (2018): *The Tyranny of Metrics* (《指标陷阱》), Princeton.

Mundlak, Guy (2014): »Workplace-Demoracy: Reclaiming the Effort to Foster Public and Private Isomorphism«, in: *Theoretical Inquiries in Law* 15 (1), S.159 – 197.

Nassehi, Armin (2016): *Die letzte Stunde der Wahrheit. Warum rechts und links keine Alternativen mehr sind und Gesellschaft ganz anders beschrieben werden muss*, Hamburg.

o.V. (2018): »Gleitzeit erleichtert Müttern den Wiedereinstieg«, in: *Frankfurter Allgemeine Zeitung* (《法兰克福汇报》) vom 6.6.2018, http://www.faz.net/aktuell/beruf-chance/beruf/neue-studie-gleitzeit-erleichtert-muettern-den-wieder einstieg-15624025.html [2018.10.12].

o.V. (2017): »Gefangen im öden Alltag«, in: *Frankfurter*

Allgemeine Zeitung（《法兰克福汇报》）vom 24.10.2017, URL http://www.faz.net/aktuell/beruf-chance/beruf/boreout-wenn-langeweile-im-job-krank-macht-15261302.html［2018.10.9］.

o. V.（2014）: »Starbucks Makes Barista History, Bans the Dreaded Clopen Shift«, in: *Sprudge* vom 18.8.2014, URL http://sprudge.com/starbucks-makes-barista-history-bans-dreaded-clopen-shift-61253.html［2018.10.15］.

o. V.（2014）: »That smartphone is giving your thumbs superpowers«, in: *Science Daily*（《每日科学》）vom 23.12.2014, URL https://www.sciencedaily.com/releases/2014/12/141223122218.htm［2018.6.22］.

O'Neil, Cathy（2018）［engl. Orig. 2016］: *Angriff der Algorithmen*（《算法霸权》）, München.

O'Neill, Onora（2002）: *A Question of Trust. The BBC Reith Lectures*（《我们为什么不再信任》）, Cambridge.

Orts, Eric W. & Smith, N. Craig (Hrsg.)（2017）: *The Moral Responsibility of Firms*, Oxford.

Ortmann, Günther（2010）: *Organisation und Moral. Die dunkle Seite*, Weilerswist.

Ouchi, William G.（1980）: »Markets, Bureaucracies, and Clans«, in: *Administrative Science Quarterly* 25 (1), S.129–141.

Paine, Thomas（2004）［Orig. 1797］: »Agrarian Justice«（《土地公平》）, London.

Parfit, Derek (1984): *Reasons and Persons*(《理与人》), Oxford.

Parijs, Philippe van & Vanderborght, Yannick (2017): Basic Income: A Radical Proposal for a Free Society and a Sane Economy(《基本收入:自由社会与健全经济提案》), Cambridge.

Pateman, Carol (1970): *Participation and Democratic Theory*(《参与和民主理论》), Cambridge.

Perrow, Charles (1986): *Complex Organizations. A Critical Essay*. 3.Auflage, New York.

Pettit, Philip (1997): *Republicanism: A Theory of Freedom and Government*(《共和主义:一种关于自由与政府的理论》), Oxford.

Pettit, Philip (2014): *Just Freedom: A Moral Compass for a Complex World*, New York.

Phillips, Robert A. & Margolis, Joshua D. (1999): »Toward an Ethics of Organizations«, in: *Business Ethics Quarterly* 9 (4), S.619 – 638.

Piketty, Thomas (2013): *Capital in the 21st Century*(《21世纪资本论》), Cambridge.

Pink, Dan (2010): *Drive: Was Sie wirklich motiviert*, Salzburg.

Porter, Michael E. & Kramer, Mark R. (2011): »Creating Shared Value«, in: *Harvard Business Review*(《哈佛商业

评论》) January - February.

Powell, Walter W. (1990): »Neither Market nor Hierarchy: Network Forms of Organization«, in: Barry M. & L. L. Cummings, L. L. (Hrsg.), *Research in Organizational Behavior* 12, S.295 - 336.

Price, Terry L. (2006): *Understanding Ethical Failures in Leadership*, Cambridge.

Quiggin, John (2017): »Why we should put ›basic‹ before ›universal‹ in the pursuit of income equality«, in: *The Guardian* (《卫报》) vom 7.2.2017.

Rahman, Sabeel (2018): »The New Octopus«, in: *Logic. A Magazine about Technology*, Issue Four »Scale« vom 17.4.2018, URL https://logicmag.io/04-the-new-octopus/ [2018.10.9].

Reich, Robert B. (2015): *Saving Capitalism: For the Many, Not the Few*, New York.

Reiff, Mark (2017): »Punishment in the Executive Suite, Moral Responsibility, Causal Responsibility, and Financial Crime«, S. 125 - 153 in: Lisa Herzog (Hrsg.), *Just Financial Markets? Finance in a Just Society*, Oxford.

Ricardo, David (1817): *On the Principles of Political Economy and Taxation* (《政治经济学及赋税原理》), London.

Rifkin, Jeremy (1995): The End of Work: Decline of the Global Labor Force and the Dawn of the Postmarket Era

(《工作的终结：全球劳动力的下降和后市场时代的黎明》), New York.

Roessler, Beate (2012): »Meaningful Work: Arguments From Autonomy«, in: *Journal of Political Philosophy* 20 (1), S.71-93.

Rosa, Hartmut (2005): *Beschleunigung. Die Veränderung der Zeitstrukturen in der Moderne* (《加速：现代社会中时间结构的改变》), Franfurt a.M.

Rose, David C. (2011): *The Moral Foundation of Economic Behavior* (《经济行为的道德基础》), New York.

Rose, Julie (2016): *Free Time*, Princeton.

Rotman, David (2017): »The Relentless Pace of Automation«, in: *MIT Technology Review* (《麻省理工科技评论》) vom 13.2.2017, URL https://www.technologyreview.com/s/603465/the-relentless-pace-of-automation/ [2017.5.6].

Rudzio, Kolja (2018): »Das solidarische ... was?«, in: *Die Zeit* (《时代周报》) *vom* 4.4.2018.

Sayer, Andrew (2017): *Warum wir uns die Reichen nicht leisten können*, München.

Scheiber, Noam (2017): »How Uber Uses Psychological Tricks to Push Its Drivers' Buttons«, in: *The New York Times* (《纽约时报》) vom 2.4.2017, URL https://www.nytimes.com/interactive/2017/04/02/technology/uber-drivers-psychological-tricks.html?_r=0 [2018.10.12].

Scholz, Trebor (2016): *Platform Cooperativism: Challenging the Corporate Sharing Economy* (《平台合作主义：挑战企业分享经济》), New York.

Schultheis, Franz; Vogel, Berthold & Gemperle, Michael (Hrsg.) (2010): *Ein halbes Leben: Biografische Zeugnisse aus einer Arbeitswelt im Umbruch*, Konstanz.

Schumpeter, Joseph (1946): *Kapitalismus, Sozialismus, Demokratie* (《资本主义、社会主义与民主》), Bern.

Schumpeter, Joseph (1920): *Theorie der ökonomischen Entwicklung* (《经济发展理论》), Berlin.

Schweikart, David (1978): »Should Rawls Be a Socialist? A Comparison of His Ideal Capitalism With Worker Controlled Socialism«, in: *Social Theory and Practice* 5, S.1 – 27.

Semuels, Alana (2018): »The Internet is Enabling a New Kind of Poorly Paid Hell«, in: *The Atlantic* vom 23.1.2018, URL https://www. theatlantic. com/business/archive/2018/01/amazon-mechanical-turk/551192/ [2018.10.9].

Scott, W. Richard (1981): *Organizations. Rational, Natural, and Open Systems* (《组织：理性的、自然的与开放的系统》), Englewood Cliffs.

Shiller, Robert J. (2011): *Finance and the Good Society* (《金融和良好的社会》), Princeton.

Siedenberg, Sven (2017): »Chef per Stimmzettel«, in: *Die Zeit* (《时代周报》) vom 25.10.2017.

Silver, Maury & Geller, Daniel (1978): »On the Irrelevance of Evil: The Organization and Individual Action«, in: *Journal of Social Issues* 34, S.125 – 135.

Skitka, Linda J. et al. (2000): »Automation Bias and Errors: Are Crews Better Than Individuals?«, in: *International Journal of Aviation Psychology*(《国际航空心理学杂志》), S.85 – 97, zitiert in: Citron, Danielle K.(2007): »Technological Due Process«, in: *Washington University Law Review*, S.1249 – 1313.

Small, Deborah A. & Loewenstein, George (2003): »Helping a Victim or Helping the Victim: Altruism and Identifiability«, in: *Journal of Risk and Uncertainty* 26 (1), S.5 – 16.

Smith, Adam (1976) [Orig. 1776]: *An Inquiry into the Nature and Causes of the Wealth of Nations*, R.H. Campbell & Andrew S. Skinner (Hrsg.), Oxford.

Sobel, Richard (1993): »From Occupational Involvement to Political Participation: An Exploratory Analysis«, in: *Political Behavior*(《政治行为》) 15 (4), S.339 – 353.

Solomon, Robert C. (1992): *Ethics and Excellence: Cooperation and Integrity in Business*, New York.

Spencer, Edward M.; Mills, Ann E.; Rorty, Mary V. & Werhane, Patricia H. (2000): *Organization Ethics in Health Care*, New York & Oxford.

Strawson, Peter F. (1992): »Freedom and Resentment«, in:

Proceedings of the British Academy 48, S.1 – 25.

Taylor, Charles (1989): *Sources of the Self: The Making of the Modern Identity* (《自我的根源：现代认同的形成》), Cambridge.

Taylor, Frederick (2007) [Orig. 1911]: *Principles of Scientific Management* (《科学管理原理》), Sioux Falls, zitiert in Arnold, Samuel (2012), »The Difference Principle at Work«, in: *The Journal of Political Philosophy* 20 (1), S.94 – 118.

Terkel, Stud (1972): *Working: People Talk About What They Do All Day and How They Feel About What They Do*, New York.

Thompson, Dennis F. (1980): »Moral Responsibility of Public Officials: The Problem of Many Hands«, in: *American Political Science Review* 74, S.905 – 916.

Thompson, Dennis F. (1988): *Political Ethics and Public Office*. Cambridge.

Thompson, Nicholas & Vogelstein, Fred (2018): »Inside the Two Years that Shook Facebook – and the World«, in: *Wired* (《连线》) vom 12.2.2018, URL https://www.wired.com/story/inside-facebook-mark-zuckerberg-2-years-of-hell/ [2018.6.22].

Tichy, Noel (1973): »An Analysis of Clique Formation and Structure in Organizations«, in: *Administrative Science*

Quarterly 18 (2), S. 194 - 20.

Tobin, James (1979): »A Proposal for Monetary Reform«, in: *Eastern Economic Journal* 4, S.153 - 159.

Toffler, Alvin (1970): *Future Shock* (《未来的冲击》), New York.

Toffler, Barbara L. (1986): *Tough Choices. Managers Talk Ethics*, New York et al.

Tost, Leigh Plunkett; Gino, Francesca & Larrick, Richard P. (2012): »Power, competitiveness, and advice taking: Why the powerful don't listen«, in: *Organizational Behavior and Human Decision Processes* (《组织行为与人类决策过程》) 117, S.53 - 65.

van Ousterhout, Hans; Wempe, Ben & van Willigenburg, Theo (2004): »Rethinking Organizational Ethics: A Plea for Pluralism«, in: *Journal of Business Ethics* (《商业伦理期刊》) 55, S.387 - 395.

Vaughan, Diane (1996): *The Challenger Launch Decision: Risky Technology, Culture and Deviance at NASA* (《挑战者号发射决策：NASA 的风险技术、文化和异常行为》), Chicago.

Vredenburgh, Donald & Brender, Yael (1998): »The Hierarchical Abuse of Power in Work Organizations«, in: *Journal of Business Ethics* (《商业伦理期刊》) 17 (12), S.1337 - 1347.

Weber, Max (1980) [Orig. 1922]: *Wirtschaft und Gesellschaft* (《经济与社会》), Tübingen.

Weber, Max (2013) [Orig. 1904/05]: *Die protestantische Ethik und der Geist des Kapitalismus* (《新教伦理与资本主义精神》), München.

Weick, Karl E. & Sutcliffe, Kathleen M. (2001): *Managing the Unexpected. Assuring High Performance in an Age of Complexity*, San Francisco.

Weick, Karl. E. (1995): *Sensemaking in Organizations* (《组织中建构感知》), London/New Delhi.

Werhane, Patricia (1999): *Moral Imagination and Management Decision-Making*, New York.

Werhane, Patricia H. & McCall, John J. (2009): »Employment at Will and Employee Rights«, in S. 603 - 625: Tom L. Beauchamp & George G. Brenkert (Hrsg.), *The Oxford Handbook of Business Ethics*.

White, Jonathan (2017): »Brexit, populism and the promise of agency«, in: *Open Democracy* (《开放民主》) vom 2.2.2017, URL https://www.opendemocracy.net/can-europe-make-it/jonathan-white/brexit-populism-and-promise-of-agency [2018.10.8].

Widerquist, Karl (2013): *Independence, Propertylessness, and Basic Income: A Theory of Freedom as the Power to Say No*, Basingstoke.

Williamson, Oliver (1973): »Markets and Hierarchies: Some Elementary Considerations«, in: *American Economic Review*（《美国经济评论》）63, S.316-325.

Williamson, Oliver (1975): *Markets and Hierarchies: Analysis and Antitrust Implications*（《市场与层级制：分析与反托拉斯含义》）, New York.

Wolfe, Tom (1987): *The Bonfire of the Vanities. A Novel*（《虚荣的篝火》）, New York.

Zacharakis, Zacharias (2016): »Mehrheit findet Deutschland ungerecht«, in: *Die Ze*（《时代周报》）vom 11.5.2016, URL https://www.zeit.de/wirtschaft/2016-05/umfrage-deutschland-friedrich-ebert-stiftung-soziale-ungleichheit [2018.10.15].

采访

Corino, Eva; Interview von Christine Haas (2018): »Man muss nicht alles gleichzeitig schaffen«（《人们不必同时创造一切》）, in: *Die ZEIT* vom 23.7.2018, URL https://www.zeit.de/arbeit/2018-06/work-life-balance-eva-corino-autorin-kindererziehung-karriere-familie [2018年10月12日访问].

Delaney, Helen; Interview von Walda Kolosowa (2018): »Die Viertage-woche hilft der Geschlechtergerechtigkeit«（《每周工作四天有助于性别平等》）, in: *Die ZEIT* vom 20.7.2018, URL https://www.zeit.de/arbeit/2018-07/arbeitszeit-viertagewoche-neuseeland-test-zufriedenheit [2018年10月9日访问].

Weitzel, Tim; Interview von Bernd Kramer (2018): »Der Algorithmus diskriminiert nicht«(《算法不歧视》), in: *Die ZEIT* vom 9.2.2018, URL https://www.zeit.de/arbeit/2018-01/roboter-recruiting-bewerbungsgespraech-computer-tim-weitzel-wirtschaftsinformatiker/komplettansicht ［2018年10月9日访问］.

影音材料

Drees, Jan (2015): »Das akzelerationistische Manifest«(《加速主义宣言》), in: *DLF* vom 26.4.2015, http://www.deutschlandfunk.de/philosophie-das-akzelerationistische-manifest.1184.de.html?dram:article_id=314626 ［2018年6月4日访问］.

Ferreras, Isabelle (2018): » How can we save democracy?« (《我们如何拯救民主?》), auf: http://www.firmsaspoliticalentities.net/ ［2018年10月16日访问］.

Sivers, Derek (2010): »Wie man eine Bewegung startet«(《如何启动一场运动》), in: *TED Talk 2010*, URL: https://www.ted.com/talks/derek_sivers_how_to_start_a_movement/up-next?language=de ［2018年6月22日访问］.

致谢

本书的主要目标读者不是专业哲学家,而是那些对我们的社会现状有质疑的实践者和公民。学界同仁请参阅我的学术出版物,尤其是我取得在大学授课资格的论文《系统重新分层:道德责任、劳动分工和组织在社会中的作用》(*Reclaming the System. Moral Responsibility, Divided Labour, and the Role of Organizations in Society*,牛津,2018)。科学与公众之间的对话总是充满风险的,如简化的风险、误解的风险、断章取义的风险。但是,进行公开交流和辩论的必要性是大于这些风险的。

这类书籍的问世离不开出版商的邀请,因而我要感谢柏林汉塞尔出版社(Verlag Hanser Berlin)的卡斯滕·克雷德尔(Karsten Kredel)。他热情地考虑了这本书的想法,并和他的团队一起促成了本书的诞生。我是经芭芭拉·温纳(Barbara Wenner)的介绍与他取得了联系,前者还不遗余力地在选择书名方面给予我帮助;而结识她源于科学研究院(Wissenschaftskolleg)丹尼尔·舍恩普夫卢格(Daniel Schönpflug)的引荐,在此,我由衷地感谢他们两位。科学研究院的同事们在我的写作过程中对我意义重大,尤其要感谢马蒂亚斯·埃格勒(Matthias Egeler)在数字化办公邻里关系(Büronachbarschaft)方面的帮助。

想要一一列举所有通过对话、阅读建议和批评意见给予我帮助的人实属难事,因为这个清单会很长。我希望诸位知道我是多么地感谢你们!让我一直没有对此书丧失信心的人是我的先生——一位最聪明、最具批判性的、无可挑剔的对话伙伴。谢谢你,格奥尔格!

图书在版编目(CIP)数据

拯救劳动：AI时代的呐喊 / （德）丽萨·赫尔佐克著；寇瑛译. -- 上海：上海社会科学院出版社，2025.
ISBN 978-7-5520-4626-7

Ⅰ. F241.2

中国国家版本馆CIP数据核字第20250L5J87号

The translation of this work was financed by the Goethe - Institut China
本书获得歌德学院(中国)全额翻译资助

拯救劳动——AI时代的呐喊

著　　者：[德] 丽萨·赫尔佐克
译　　者：寇　瑛
校　　译：陈哲卿
策 划 人：熊　艳
责任编辑：张　宇
封面设计：左　旋
出版发行：上海社会科学院出版社
　　　　　上海顺昌路622号　邮编200025
　　　　　电话总机 021-63315947　销售热线 021-53063735
　　　　　https://cbs.sass.org.cn　E-mail: sassp@sassp.cn
排　　版：南京展望文化发展有限公司
印　　刷：上海新文印刷厂有限公司
开　　本：787毫米×1000毫米　1/32
印　　张：8.25
插　　页：2
字　　数：133千
版　　次：2025年4月第1版　2025年4月第1次印刷

ISBN 978-7-5520-4626-7/F·801　　　　定价：68.00元

版权所有　翻印必究

Title of the original German edition:
Author: Lisa Herzog
Title: Die Rettung der Arbeit. Ein politischer Aufruf
© 2019 Hanser Berlin in der Carl Hanser Verlag GmbH & Co.KG, München

上海市版权局著作权合同登记号：09 - 2020 - 052